Diccionario de nombres del color en la Argentina

Dictionary of Argentinean Names for Colors

Diccionario de nombres del color en la Argentina
Aproximadamente 1400 colores y su identificación popular medidos en l,a, b. Sustantivos, adjetivos, sinónimos, seguidos de normativas básicas para armonizarlos.

Dictionary of Argentinean Names for Colors
Approximately 1400 tones and their popular identification with measurement in Δ l, a, b. Nouns, adjectives, verbs and synonyms, followed by some basic standards of harmonization.

Manganiello, Cristina
Diccionario de nombres del color en la Argentina. - 1a ed. - Buenos Aires : Nobuko, 2012.
242 p. ; 21x15 cm.

ISBN 978-987-584-467-4

1. Arte. 2. Diccionarios. I. Título.
CDD 703

Diseño de interior
Maia Elkin

Hecho el depósito que marca la ley 11.723

ISBN: 978-987-584-467-4

Agosto de 2012

Cristina Manganiello

Licenciada y Profesora en Pintura-Facultad de Bellas Artes, Universidad Nacional de La Plata y Especialista en Didáctica de la Lengua Italiana, como L2, del postgrado Universitario de la Universidad de la Basilicata, Italia.

Actualmente es:

Profesora a Cargo de Lenguaje visual 1 A, turno mañana de la Facultad de Bellas Artes de la Universidad Nacional de La Plata.

Directora desde 1994 de proyectos de investigación sobre Color en Comunicación Visual dentro de la misma Universidad.

Vicepresidente del Grupo Argentino del Color.
www.fadu.uba.ar/sitios/sicyt/color/gac.htm

Miembro del AIC, Study Group on The Language of Color (LC).

Miembro Titular del Instituto de Estudios Genealógicos de la Pcia. de Buenos Aires.
http://www.genproba.com.ar/miembros

Miembro de la SAAP-Asociacion Argentina de Artistas Plásticos.
http://www.artesaap.com.ar/

email: cristina.manganiello@gmail.com
web: www.cristinamanganiello.com.ar

Diccionario de nombres del color en la Argentina

Este libro, surgió como idea necesaria previa al plantear con mi equipo de investigación de otrora, el estudio de las preferencias del color en la Argentina, que vengo desarrollando desde hace 18 años con mi equipo de investigadores.

Como se podría identificar un **amarillito** o un **turquesa** o cualquier otro color que nombraran los sujetos entrevistados al requerir preferencias, o al identificar colores? Así entonces, se detectaron sus variables desde la indagación introspectiva hasta la confirmación discursiva.

Las personas que me acompañaron en ese primer momento fueron Ana Bras, Nylda Helena Molinari, Silvana Nessi y un grupo de entusiastas que nombro al final. Así surgió el "Índice de nombres populares del color en la Argentina" editado artesanalmente en 1992.

Hoy día, este nuevo diccionario en versión bilingüe no responde a esa antigua edición de 1992, pues los 20 años transcurridos la dejaron en el recuerdo. Mereció ser re-hecha, aportando ahora 1394 terminos en cuanto al color, actualizada y con mejor desarrollo, de la que me ocupo junto a nuevos colaboradores en la versión traducida al idioma ingles: (Daniel Helfgot, Roberto Duncan, Yanina Weingast y Jose Luis Sanchez).

La función del lenguaje es nombrar, indicar. Así sustituimos con un signo el objeto que designamos. Esta designación representa al objeto de modo tal que no nos dificulta reconocerlo. Aunque esos signos sean de materia diferente al mismo, arriban a la esencia misma de lo que nombran.

Representan al objeto por su característica más saliente: su forma, su color, su función, etc. Cuando representa su color, éste se convierte en la expresión verbal de la impresión que ese color nos produce sensorialmente en primera instancia. Cotidianamente mencionamos el color de mil maneras distintas.

Lo empleamos para catalogar, como símbolo, como adjetivo, como sujeto concreto o poético.

Lo empleamos con nombres específicos: **rojo**, **verde, azul, amarillo**, etc.; y con infinidad de variantes para definirlas o adjetivarlas, de las que se catalogaron más de 100 variables y acepciones ya en 1992 y que hoy he modificado, adecuado y aportado en más. Estos otros vocablos, no específicos, como por ejemplo **aceituna** (por analogía) o **marrón** (del francés por analogía con las castañas). O los directamente tomados de otros idiomas no castellanos como **preto**, (del portugués), **yiallo** (del italiano giallo), **calfú** (del araucano) **cambá** (del guaraní) etc. enriquecen nuestras necesidades comunicacionales al respecto.

Una lengua viva es, como su adjetivo lo indica, una entidad dinámica. Se modifica creciendo y decreciendo en vocablos. Variando sonidos y representación gráfica.

El idioma popular que hablamos en Argentina, es la hibridación del idioma castellano, con la presencia de las culturas indígenas y por el aporte variado de la inmigración de diverso origen, según la época y la influencia mediática.

Si consideramos ahora los nombres del color y la necesidad de especificidad nominal en los matices, que se desarrolla sobre todo en el área rioplatense, hace que las necesidades de identificarlos tanto en la vida cotidiana, en el área de producción y consumo, como en el campo estético y científico, trascienda desde el habla coloquial una grande, variada, y rica polución de términos lingüísticos caracterizantes de las diversas tonalidades. Por ejemplo la notable diferencia sobre mínimos parámetros como son las que se dan entre un tono **crema**, un **arena**, un **crudo**, y el indefinido direccionalmente **clarito**.

De esta manera, la cultura popular argentina, impuso diversidad de nombres para determinadas variantes tonales, y matices de la misma; algunos más precisos que otros, sumándoles adjetivos que ajustan aún más su significación. Surgidos analógicamente de referentes reales, en general de la naturaleza, como **zanahoria,** o **cielo;** del consumo alimenticio cotidiano, como el **crema,** del marketing como el **rojo Coca Cola** ó **el color algarrobo** (que responde al aspecto cromático de la madera industrializada para mueblería, y no a su tono natural), derivados de otros idiomas como el **pistacho (del italiano pistaccio);** o los que tienen que ver con su origen químico como el **talo** (por azul de fthalocianine), o los **flú** o **flúor** (de fluorescentes); se suman **a esas** variantes la infinidad de adjetivos que los modifican como **clarito, joya, lujo, oscuro, sucio**, etc.

Es la intención en esta publicación reunir alfabéticamente, a modo de diccionario, esos nombres y adjetivos, algunos verbos (como **amarillear)**, sus sinónimos y sus raíces lingüísticas, ya sea idiomáticas o por analogía, antinomia, etc. con las connotaciones provenientes de otras áreas, por ejemplo su uso (**azul lavable)** y las lecturas de superficie que los modifican (**abrillantado)**.

Intentamos de este modo, aportar a un mayor enriquecimiento sobre las identidades cromáticas de uso popular, y sus connotaciones y analogías de manera accesible, en un ordenamiento de explicación bilingüe (castellano e inglés) Aclarando también situaciones como por ejemplo, un mismo color con diferentes nombres (**ultramar**, **lapislázuli);** un mismo nombre con diferentes tonos (**amarillo patito**, **amarillo oro**, etc.) y diferentes nombres para diferentes matices de un mismo color (**bermellón, bergamota)** o símbolos populares cromáticos, como el **bandera** o el **albiazul.** Sin desconocer, que como habla viva popular, su característica es la movilidad permanente ya citada. Siendo por lo tanto, este principio de ordenamiento un hito en nuestro propio conocimiento del tema.

Cristina Manganiello, 2012

Nota:

Es importante hacer notar, que en el lenguaje coloquial amistoso y familiar en Argentina (es decir con mucha confianza interpersonal) muchos terminos considerados ofensivos en otras lenguas y aún en español, son considerados amistosos y generadores de confianza. según su entonación y contexto.

En el caso particular del uso de los nombres del color, éstos puede ser empleados también amistosamente, en reemplazo del nombre propio de la persona. Che **Negro**, Dale **Colorado**, El **Bataráz**, El **Amarillo** (por rubio) etc. Con el agregado, en general, de un artículo, pronombre o acción, sin que esto implique ofensa sino mas bien afecto o amistad. Este uso no siempre suele hacer referencia a un tono real de piel o cabello, sino que simplemente puede reemplazar al nombre personal en el lenguaje coloquial.

Dictionary of Argentinean Names for Colors

The idea for this book came up within my research study team as a preliminary step in the investigation of color preferences in Argentina, an idea that we have been developing for 15 years.

How can one identify an *amarillito* (somehow yellow) or a *turquesa* (turquoise) or any other color named by those interviewed? With this premise, we identified the variations from an introspective research to a confirming discourse.

Those that accompanied me at the beginning were Ana Bras, Nylda Molinari, Silvana Nessi and an enthusiastic group that I will name at then end. This is how the “Índice de nombres populares del color en la Argentina” (Index of popular names for colors in Argentina) came to be and was published in semi-artisanal form in 1992.

Today, this bilingual version does not correspond strictly to that old edition of 1992. The 20 years lapsed included the re-writing, updating and bettering alongside new collaborators. (Daniel Helfgot, Roberto Duncan, Jose Luis Sanchez and Yanina Weingast, in the english version).

The function of language is to name and indicate. Thus, we substitute with a word the object we address. This designation represents the object so that it is not difficult to recognize. Although these signs are different than the object, they arrive at the very essence of what they name.

They represent the object by its most obvious characteristics: form, color, function, etc. When they represent its color, it produces in us a first sensory reaction. Daily, we name colors in a thousand different ways.

We use it for cataloging, as a symbol, as an adjective and as a concrete or poetic subject.

We use it with specific names: **rojo** (red), **verde** (green), **azul** (blue), **Amarillo** (yellow), etc.; and with infinite variations to define them adding adjectives to them, of which we catalogued over 1000 variations and meanings until 1992 and further more in this publication. These non-specific words such as **aceituna** (olive) (by analogy) or **marrón** (brown) (from the French by analogy with chestnuts), or those directly taken from other non-Castilian languages like **preto** (black) (form the Portuguese), **yialo** (yellow) (from the Italian giallo), **calfú** (from the Araucanian), **cambá** (from the Guaraní), etc. enrich our communicational needs.

A living language is, as the adjective indicates, a dynamic entity that changes as the number of words grows or decreases -also changing sounds and graphic representation.

The language we speak in Argentina is a hybrid Castilian with influences from indigenous cultures, the influx of various immigrations whose origin change according to time, and to input form the media.

If we consider the names of the colors and the need to name the different hues as they developed in the Rio de La Plata area, their identification, being in their daily use, in the area of production and consumption as well as in the aesthetics and scientific fields, the colloquial speech includes a large, variety of rich linguistic terms characterizing the variety of hues. As, for instance, the visible difference between minimum parameters such as those that occur between a **crema** (cream), a **crudo** (raw) and the indefinite directionally **clarito** (light). Thus, the popular Argentinean culture, imposed a diversity of names for certain tonal variations and its shades, some more accurate than others, adding adjectives that amount to a significance that derive from real references such as from nature, like **zanahoria** (carrot) or **cielo** (sky); or from foods such as **crema** (cream); or from the marketing, such as **rojo Coca Cola** (Coca Cola red) or **algarrobo** (carob tree) (that responds to the chromatic aspect of the wood industrialized for furniture); or derived from other languages such as **pistacho** (from the Italian pistaccio); or those that have its origin in chemistry such as **talo**) for the blue of *phthalocyanine; or the* **flú** *or* **flúor** *(from fluorescence). Many other varieties can be added such as infinite adjectives that modified them such as* **clarito** (light**), joya** *(jewel***), lujo** *(luxury***), oscuro** *(dark) and* **sucio** *(dirty).*

It is the intention in this work to gather alphabetically, as in a dictionary, these nouns and adjectives, some verbs, such as **amarillear** (to turn yellow), their synonyms and linguistic roots, being idiomatic or by analogy, antimonic, etc. with connotations from other areas, such as its usage (azul **lavable**) (washable blue), and the readings of the surfaces that modify them (**abrillantado)** (polished).

In this way, we try to bring further enrichment to the chromatic identities of popular use and its connotations and analogies in an accessible manner in a bilingual order (Spanish and English) and also clarifying situations such as the same color with different names (**ultramar, lapislázuli)** (aquamarine, lapis lazuli), the same name with different hues (**amarillo patito**, **amarillo oro)**, (yellow duck, yellow gold), etc., and different names for different shades of one color (**bermellón**, **bergamota)** (vermilion, bergamot), or chromatic popular symbols like **bandera** (flag) or **albiazul** (white-blue). Without ignoring that just as the living speech of a folk, its characteristic is the constant changing aforementioned which we observe as a principle for organizing this milestone through our own knowledge of the subject.

Cristina Manganiello, 2012

Note:

It is important to note that in Argentina, in the friendly and familiar colloquial language, that is to say among friends, many words that would be considered offensive in other languages, and even in Spanish, depending on inflexion and context, are considered as confidence builder.

Particularly, the usage of color names could be applied with a friendly intention replacing the name of an individual (you, 'negro' (referring to dark skin), go ahead, 'colorado' (referring to reddish hair), etc. without implying offense but, on the contrary, signifying affection and friendship.

This usage does not refer directly to the skin or hair hue but, simply, could replace the name of a person in the colloquial.

ABERENJENADO:

(Del árabe *badingana*) adj. que tiene color de berenjena, a semejanza del color del fruto de la planta hortícola.

(From the Arabic *badingana*) adj.that has the color of an eggplant, similar to the color of the fruit of the horticultural plant.–(001)

ABRILLANTADO:

Adj. (derivado de brillante) pulido, que refleja la luz de modo importante; labrado en facetas reflejantes.

Adj. (derives from brilliant) a polished suface that reflexes light in a significant way; carved in reflecting facets.–(002)

ACANELADO:

Adj. (del italiano *cannela*) de color de la canela, corteza aromática.

Adj. (from the Italian *cannela*) the color of cinnamon, an aromatic bark.–(003)

ACARAMELADO:

Adj. (del latín *calamellus*, cañita) de color del azúcar derretido al fuego.

Adj. (from the Latin *calamellus*) the color of fire melted sugar.–(004)

ACEITUNA:

(Del árabe *az-zaituna*) - fruto del olivo.

(From the Arabic *az-zaituna*) - The fruit of the olive tree.–(005)

ACEITUNADO, ACEITUNIL:
Adj. ver aceituna.
Adj. see aceituna.–(005)
ACERADO:
Adj. ver acero.
Adj. see acero.–(006)
ACERO:
(Del latín *chalybs*) del color de dicho metal.
(From the Latin *chalybs*). The color of steel, the metal.–(007)
ÁCIDO:
Adj. (del latín *acidus*) se llama a los colores que producen sensaciones semejantes a la ingesta del vinagre.
Adj. (from the *Latin acidus*) it refers to colors that produce sensations similar to the ingesting of vinegar.–(008)
ACRE:
Adj. (del latín *acer* áspero, agrio y picante).
Adj. (from the latin *acer*, rough, sour and spicy)–(009)
ACROMATICO:
Adj. (del griego *achromatos*, incoloro) son definidos así el blanco, negro y grises por no descomponer la luz.
Adj. (from the Greek *achromatos*, colorless) as such are define white, black, and grey because they do not break down light.–(0010)
ACTÍNICO:
Adj. (del griego *aktis*, rayo) fam. Tono violado; se dice de los rayos luminosos que descomponen ciertos cuerpos.
Adj. (from the Greek actis, ray) violated tones; in reference to rays of light that certain bodies break down.–(0011)
ACUARELADO:
Adj. (del italiano *acquarella*); (del latín *acqua*, agua) se les llama a los tonos translúcidos y claros, no brillantes.
Adj. (from the Italian *acquarella*); (from the Latin *acqua*, water) in reference to translucent and clear tones but not brilliant.–(0012)

ACUOSO:
Adj. (del latín *aquosus*) de efecto aguado.
Adj. (from the Latin *aquosus*) of watery effect.—(0013)
ADAMASCADO:
Adj. (del latín *damascena*) ver damasco.
Adj. (from the latín *damascena*) See damasco.—(0014)
ADOQUÍN:
(Del árabe vulgar *ad-dukkin*; la piedra de empedrar) gris oscuro semejante al granito de Olavarría.
(From the vulgar Arabic ad-dukkin; a paving stone) dark grey similar to the Olavarría granite.—(0015)
AFRICANO:
(Del latín *africus*) (marrón africano).
(From the Latin *africus*) (African brown).—(0016)
AGRIO:
Adj. (del griego *agrios*) ver ácido
Adj. (from the Greek *agrios*) See ácido.—(0017)
AGRISADO:
Adj. que tiene mezcla de gris
Adj. that has a mixture of grey.—(0018)
AGUA:
(Del latín *acqua*).
(From the Latin *acqua*).—(0019)
AGUACHENTO:
Adj. ver acuoso. Dícese del color muy desaturado y translúcido.
Adj. see acuoso. It is said of a very desaturated and translucent color.—(0020)
AGUAMARINA:
Semejante al color del berilo, piedra semipreciosa.
Like the color of beryl gemstone.—(0021)
AHUMADO:
Adj. agrisado de efecto profundo, translúcido.
Adj. grey of profound effect, translucent.—(0022)

AINDIADO:
Adj. 1. Con algo de rojo indio. // 2. Semejante a la tez de los indígenas americanos.
Adj. 1. With a bit of (American) Indian red. // 2. Similar to the completion of American Indians.—(0023)
ALABASTRO:
(Del griego *alabastros*) por analogía al mármol de ese color,
(From the Greek *alabastros*) by analogy to the marble of that color. —(0024)
ALAZÁN:
(Del hispano árabe *al-azqar*, el rojizo) hay variedades como alazán claro, dorado, anaranjado, vinoso, tostado, etc. Se aplica generalmente al pelaje de los caballos.
(From the Arabic Spanish *al-azqar*, the reddish) there are varieties such as alazán clear, golden, orange, wine-like, tanned, etc. It is usually applied to the fur of horses.—(0025)
ALAZOR:
(Del árabe *al-asfur*, el cártamo) laca roja.
(From the Arabic *al-asfur*, safflower) red lacquer.—(0026)
ALBA:
(Del latín *alba*, femenino de *albus*, blanco).
(From the Latin *alba*, feminine of *albus*, white).—(0027)
ALBARAZADO:
Adj. (de! árabe *albaraz*, la lepra.) rojizo opaco.
Adj. (from the Arabic *albaraz*, leprosy.) Opaque reddish.—(0028)
ALBAYALDE:
(Del árabe *al-bayard*, la blancura) llamado también blanco de plomo. A principios de siglo se usó como cosmético para blanquear el rostro. Es considerado tóxico.
(From the Arabic *al-bayard*, whiteness) also called lead white. At the beginning of the century it was used as a cosmetic to whiten the face. It is toxic.—(0029)

ALBIAZUL:

En fútbol combinación de blanco y azul en la camiseta identificatoria del club Gimnasia y Esgrima de La Plata.

A soccer jersey, a combination of white and blue that identifies the team of La Plata's Gimnasia y Esgrima.—(0030)

ALBICELESTE:

En fútbol combinación de blanco y celeste en la camiseta identificatoria del Seleccionado Argentino y del Racing Club.

That combines white and light blue such as in the soccer jerseys that identify the Argentine national team and the Racing Club team.—(0031)

ALBÍN:

Ver hematites.

See hematites.—(0032)

ALBINO:

Adj. (del latín *albus*) ausencia de color en el pelo, el plumaje y/o la piel.

Adj. (from the Latin *albus*) absence of color in hair, feathers and / or skin.—(0033)

ALBIRROJO:

En fútbol combinación de blanco y rojo en la camiseta identificatoria del club Estudiantes de La Plata.

A soccer jersey, a combination of white and red that identifies the team of La Plata's Studiants.—(0034)

ALBITA:

(Del latín *albus*) blanco de feldespato variable entre leche, amarillento, grisáceo, rojizo y verdoso.

(From the Latin *albus*) variable white feldspar from milk, beige, gray, red and green.—(0035)

ALBO:

(Del latín *albus*) blanco.

(From the Latin *albus*) white.—(0036)

ALBORADA:

(Del latín *alba*, la aurora) ver alba.

(From the Latin *alba*, dawn) see alba.—(0037)

ALBUGÍNEO:

(Del latín albugo, blancura) blanco clara de huevo.

(From the Latin *albugo*, whiteness) the white of eggshells.

ALCAUCIL:

(Del hispano árabe *al-gabcil* y éste del mozárabe *gabcila*, del castellano cabecilla) análogo al color del fruto de la alcachofa.

(From the Arabic Spanish *al-gabcil* and this from the Mozarabic *gabcila*, from the Castillian cabecilla) analogous to the color of the fruit of the artichoke.–(0038)

ALFALFA:

(Del árabe al-fásfasa) análogo al color verde azulado grisáceo de las hojas del vegetal.

(From the Arabic al-fásfasa) similar to blue-gray green leaves of the vegetal.–(0039)

ALGA:

(Del latín *alga*) análogo al color de ciertas algas verdes.

(From the Latin *alga*) similar to the color of certain green algae. –(0040)

ALGARROBO:

(Del árabe *al-jarruba*, fruto de la algarroba) análogo al color de dicho fruto.

(From the Arabic *al-jarruba*, fruit of the carob) analogous to the color of the fruit.–(0041)

ALHUCEMA:

(Del árabe) análogo al color de la flor de la lavándula spica (espliego, lavanda).

(From the Arabic) similar to the color of the flower of spica Lavandula (lavender).–(0042)

ALIZARINA:

(Del griego *alysson*, la planta llamada rubia) laca de arabia, semejante al rojo azo.

(From the Greek *alysson*, the plant called blonde) arabia lacquer, similar to red azo.–(0043)

ALJABA:

(Del árabe *al-yaba*) también conocido como fucsia, análogo al color de las flores del arbusto fuchsia magellanica.

(From the Arabic *al-yaba*) also known as fuchsia, similar to the color of the flowers of the shrub fuchsia magellanica.–(0044)

ALLQA:

(Del quechua *runasimi*) adj. blanquinegro.

(From the Quechua *runasimi*) adj. white/black.–(0045)

ALMAGRE:

(Del árabe *al-magra*, la tierra roja) óxido de hierro rojo. Almazarrón.

(From the Arabic *al-magra*, red earth) red iron oxide. Almazarron.–(0046)

ALMENDRA:

(Del latín *Amygdála*.seg Cobarrubias**)** adj. Semejante al color de la piel interna del carozo de la almendra, o de su corteza. Por extensión, blanco lechoso nacarado de su pulpa.

(From the Latin *Amygdála*.seg Cobarrubias**)** adj. Like the color of the inner skin of the almond stone or bark. By extension, the milky white pearl of its pulp.–(0047)

ALMENDRADO:

Adj. semejante al color nacarado de la pulpa de la semilla de la almendra.

Adj. pearl-like color of the pulp from the seed of the almond.–(0048)

ALOQUE:

(Del árabe *haluqui*, de haluq, un perfume de color rojo amarillento). De color rojo claro. Suele empleare para nombrar el color del vino clarete o rosado.

(From the Arabic *haluqui*, dc haluq, a yellowish red perfume). Light red. Usually use to name the color of claret or pink wine.–(0049)

ALUMBRE:

(Del latín *alumen*) sulfato doble de aluminio y otro metal. El más conocido generalmente con potasio produce una sal blanca que se encuentra en ciertas rocas y tierras. El alumbre de cromo forma cristales rojo violáceo, el de hematoxilina, rojo.

(From the Latin *alumen*) double sulfate of aluminum and other metals. The most commonly known potassium produces a white salt that is found in certain rocks and soils. The chrome alum crystals form red-violet, the hematoxylin, red.–(0050)

ALUMINIO:

Análogo al metal de color gris claro, ligeramente azulado y brillo semejante al de la plata.

Similar to light gray metal, slightly bluish with sheen similar to silver.–(0051)

AMAPOLA:

(Del árabe *hababura*) planta papaverácea. Análogo al color rojo brillante de la flor de la variedad silvestre.

(From the Arabic *hababura*) a papaveracea plant. Analogous to the bright red color of the flower of the wild variety.–(0052)

AMARELLO:

Del portugués: amarillo.

Portuguese: yellow.–(0053)

AMARILLENTO:

Adj. que vira a un amarillo, en general hacia el ocre.

Adj. which changes to a yellow, generally toward the ocher.–(0054)

AMARILLITO:

Diminutivo de amarillo. Nombre empleado generalmente para los amarillos pastel muy claro.

Diminutive of yellow. Name generally used for very light pastel yellow.–(0055)

AMARILLO:

(Del bajo latín *amarellus* diminutivo de *amaras*, amargo. Quizás también del árabe: ambari, de color de ámbar). Es uno de los colores espectrales. Es primario en casi todos los sistemas sustractivos y secundario en la mezcla o síntesis aditiva.

(From low Latin *amarellus* diminutive of *amaras*, bitter. Could also be from the Arabic: ambari, the color of amber). It is one of the spectral colors. It is a primary color in almost all the subtractive systems and secondary in the mixing or additive synthesis.–(0056)

AMARILLO AURORA:
Semejante al amarillo de cadmio claro, usado en pinturas.
Similar to light cadmium yellow, used in paints.—(0057)

AMARILLO BRONCE:
Amarillo con tendencia al color del bronce.
Yellow tending to the color of bronze color.—(0058)

AMARILLO CADMIO:
Se emplea en la pintura artística y según la menor o mayor cantidad de sulfato sódico que entre en la preparación, se obtienen todos los matices del amarillo. Equivalente al primario del círculo cromático tradicional (Pope, Rosenthal, etc.)
It is used in artistic painting and, depending on the lesser or greater amount of sodium sulfate in the preparation, all shades of yellow are obtained. Equivalent to the primary color of the traditional chromatic circle (Pope, Rosenthal, etc.).—(0059)

AMARILLO CADMIO CLARO:
Equivalente al amarillo primario del círculo cromático generativo sustractivo.
Equivalent to the primary yellow of the chromatic substractive generative.—(0060)

AMARILLO CADMIO OSCURO:
Ídem al amarillo de cadmio, pero de mayor saturación y menor luminosidad, un tanto más rojizo.
Like cadmium yellow, but more saturated and less bright, a little redder.—(0061)

AMARILLO CANARIO:
Semejante al color de algunas variedades de plumaje del canario. (amarillo claro).
Like the color of some varieties of plumage of the canary. (yellow).—(0062)

AMARILLO CARMÍN:
(en pintura) semejante al amarillo holandés, rosa holandés, rosa pardo, rosa inglés.

(in painting) like the yellow Dutch, Dutch pink, pink brown, pink English.—(0063)

AMARILLO CLARO:

También primrose.

Also primrose.—(0064)

AMARILLO COBRIZO:

Amarillo rojizo, con tendencia al color del cobre.

Reddish yellow, with a tendency to the color of copper.—(0065)

AMARILLO CREMA:

Análogo al color de las natillas de huevo.

Similar to the color of egg custard.—(0066)

AMARILLO CROMO:

Color a base de cromato de plomo. Es muy resistente a la luz, pero venenoso y se ennegrece por la acción del hidrógeno sulfurado. (También amarillo París).

Color based on lead chromate. It is highly resistant to light, but poisonous and it blackened by the action of hydrogen sulphide. (Also yellow Paris).—(0067)

AMARILLO DE CHINA:

En pintura también amarillo real u ocre brillante.

In painting: royal yellow or bright ocher.—(0068)

AMARILLO DE NAPOLES:

También amarillo brillante, *giallorino*, *giallo Napolitano*, *galliolino*, denominación muy antigua ya citada por Cennini quien suponía que era una tierra volcánica natural del Vesubio.

Also bright yellow, giallorino, giallo Napolitano, galliolino, very old name quoted by Cennini who supposed to be a natural volcanic soil of the Vesuvius.—(0069)

AMARILLO DORADO:

Amarillo con tendencia al color del oro.

Yellow tending to the color of gold.—(0070)

AMARILLO DE TURNER:
También amarillo de plomo. Su nombre proviene del apellido del pintor inglés.
Also lead yellow. Its name comes from the surname of the English painter.—(0071)

AMARILLO HANSA:
Semejante al amarillo aurora. Derivado del alquitrán, empleado en la fabricación de lacas equivalente al primario del círculo cromático generativo.
Similar to the yellow dawn. Tar derivative, used in making lacquers equivalent to the primary color of the generative chromatic circle.—(0072)

AMARILLO HUEVO:
Semejante al color de la yema de huevo.
Similar to the color of the egg yellow.—(0073)

AMARILLO INDIO:
Laca orgánica amarilla con tendencia al dorado.
Organic lacquer yellow tending to gold.—(0074)

AMARILLO LIMON:
Análogo al color del fruto del limonero.
Analogous to the color of the fruit of the lemon tree.—(0075)

AMARILLO MELON:
Análogo al color de la corteza del melón.
Similar to the color of the melon rind.—(0076)

AMARILLO MOSTAZA:
Amarillo con tendencia al color de la mostaza preparada.
Yellow tending to prepared mustard.—(0077)

AMARILLO MEDIANO:
Llamado así por ser intermedio entre los fríos y los cálidos.
Called like this for being between the cold and warm yellows.—(0078)

AMARILLO OCRE:
Amarillo que tiende hacia el ocre (con mezcla de hidróxido de hierro).
Tends toward yellow ocher (with a mixture of iron hydroxide).—(0079)

AMARILLO ORO:
Amarillo cálido semejante al color del oro.
Warm yellow similar to the color of gold.–(0080)
AMARILLO PAJA:
Amarillo ocre claro, semejante al color de la paja.
Yellow light ocher, like the color of straw.–(0081)
AMARILLO PATITO:
Llamado así por semejanza al color del plumaje de la cría del pato. Equivalente al amarillo de cadmio muy claro.
Named for the similarity to the plumage of ducklings. Equivalent to very light cadmium yellow.–(0082)
AMARILLO PERMANENTE:
Equivalente al amarillo Hansa.
Equivalent to Hansa yellow.–(0083)
AMARILLO TOPACIO:
Semejante al color de la piedra llamada topacio.
Similar to the color of the stone called topaz.–(0084)
AMARILLO TRIGO:
Amarillo ocre claro, semejante al color de la espiga de trigo.
Yellow ocher, like the color of the stem of wheat.–(0085)
AMARILLO VERDOSO:
Amarillo con tendencia al color verde. Es terciario en los sistemas sustractivos de doce colores.
Yellow tending to green. It is tertiary in the twelve-color subtractive systems.–(0086)
AMARILLOSO:
Adj. Un tanto despectivo.ver amarillento.
Adj. Somewhat derogatory. see amarillento.–(0087)
AMARRONADO:
Adj. (del francés *marrón*; castaña) que vira al color de la castaña
Adj. (from the French *marron*; chestnut) that turns into the color of chestnuts.–(0088)

AMATISTA:
(Del griego *améthystes*, de a, privativo, y *méthyein*, embriagarse) por la creencia entre los antiguos de preservar de la embriaguez; cuarzo transparente de color violado considerado piedra preciosa. Color semejante a él.
(From the Greek *améthystes*, to get drunk) an old belief about staying away from intoxication; a color similar to a transparent quartz purple precious stone.—(0089)

AMBAR:
(Del árabe ánbar) semejante a la tonalidad de la resina fósil de color amarillo oscuro, opaco o semitransparente.
(From the Arab ánbar) similar to the hue of the dark yellow fossil resin, opaque or semitransparent.—(0090)

AMBARINO:
Adj. que tiende al color del ámbar.
Adj. which tends to the color of amber.—(0091)

AMOJOSADO:
Adj. vulgarismo por enmohecido.
Adj. slang for moldy.—(0092)

AMORATADO:
Adj. que tiende al color morado. Se aplica en general a la piel golpeada o enrojecida por el frío.
Adj. tending to purple. Generally applied to the skin bruised or reddened by the cold.—(0093)

AMOSTAZADO:
Adj. que tiende al color de la mostaza.
Adj. that tends to color of mustard.—(0094)

ANACARADO:
Adj. también nacarado. Semejante al nácar por su brillo y color.
Adj. also nacarado. Like the nacre because of its brightness and color.—(0095)

ANARANJADO:
Adj. usado familiarmente como naranja.
Adj. familiarly used as orange.—(0096)
ANCKAS ó AN KAS:
Del quechua santiagueño: azul.
From the Quechua of Santiago del Estero: blue.—(0097)
ANGASCHASQA:
(Del quechua runasimi) adj. Azulado
(From the Quechua runasimi) adj. bluish.—(0098)
ANGAS:
(Del quechua runasimi) adj. Azul
(From the Quechua runasimi) adj. Blue.—(0099)
ANQASI:
(Del quechua runasimi) adj. Celeste.
(From the Quechua runasimi) adj. light blue.—(0100)
ANQASYAY:
(Del quechua runasimi) v. azular.
(From the Quechua runasimi) v. to turn blue.—(0101)
ANODINO:
Adj. (del latín *anodynos*) color insignificante, indefinido,
Adj. (from Latin *anodynos*) insignificant color, undefined.—(0102)
ANODIZADO:
Adj. (de ánodo, del griego ánodos, subida, camino ascendente) color metálico semejante al del aluminio que recibió tratamiento oxidante como anticorrosivo.
Adj. (from ánodo, from the Greek ánodos, to climb,) metallic color similar to the aluminum that was oxidized. As an anticorrosive.—(0103)
ANTE:
(Del árabe *lamts*, especie de ciervo. Por semejanza con el color del cuero curtido de ese animal.
(From the Arab *lamts*, a deer species. Because of its similarity with the color of that animal's hide.—(0104)

ANTILOPE:

(Del bajo latín *antilops*) semejante al color del pelaje dorsal del antílope.

(From the Latin *antilops*) similar to the color of an antelope's dorsal fur.—(0105)

ANTIMONIO:

(Del bajo latín *antimonium*) semejante al color gris oscuro del elemento químico.

(From the Latin *antimonium*) similar to the dark grey color of the chemical element.—(0106)

ANTRACITA:

(Del griego *anthraxites*, de *anthrax*, carbón) semejante al color del carbón fósil del mismo nombre.

From the Greek *anthraxites, anthrax*, carbon) similar to the color of fossil carbon of the same name.—(0107)

AÑIL:

(Del árabe *an-nil*, la planta del índigo) color obtenido por maceración de tallos y hojas de la planta homónima.

(From the Arabic *an-nil*, the indigo plant.) color obtained by macerating the stems and leaves of the plant of same name.—(0108)

APAGADO:

Adj. se dice del color amortiguado, desaturado.

Adj. it is said of the color that is less defined, desaturated.—(0109)

APASTELADO:

Adj. empleado para la serie de colores definidos desaturados con blanco. Tambien **PASTEL** (amarillo pastel, celeste pastel, etc).

Adj. used for the number of colors defined as desaturated with blanco. Also: **PASTEL** (yellow pastel, blue pastel, etc).—(0110)

APASTILLADO:

Adj. se aplica al color blanco con tinte rosado.

Adj. it is applied to the color white with pink tinge.—(0111)

APATI:

Del guaraní: gris ceniciento.

From the Guaraní: ash gray.—(0112)

APERLADO:

Adj. también perlado, semejante al irisado de las perlas.

Adj. also perlado, similar to the iridescence of a Pearl.–(0113)

APIZARRADO:

Adj. de color de pizarra o sea negro azulado grisáceo.

Adj. the color of slate or bluish, grayish black.–(0114)

APLOMADO:

Adj. también plomizo, plomado; del color del plomo.

Adj. also plomizo, plomado; the color of lead.–(0115)

ARANCIA:

Del italiano *arancione*: naranja.

From the Italian, orange.–(0116)

ARANTEK:

Del tehuelche, rosado.

From tehuelche, pink.–(0116ª)

ARAUCANOS:

Conjunto de colores característicos de los tejidos de la comunidad indígena mapuche: combinación blanco-negro o azul oscuro-blanco.

Set of colors characteristic of the fabrics of the Mapuche indigenous community: a combination of white-black or dark blue-white.–(0117)

ARCILLA:

(Del latín *argilla*) semejante al color de la pasta mineral usada para modelar.

(From the Latin *argilla*) like the color of the mineral used for modeling.–(0118)

ARDIDO:

Adj. color producido en telas y papeles por el efecto de la humedad y el tiempo, que va del amarillo pasando por el rojo al gris y negro, según los casos.

Adj. color on canvas and paper produced by the effect of humidity and time, ranging from yellow through red to gray and black, depending on the case.–(0119)

ARDIENTE:
Adj. en forma figurada y poética significa de color rojo o de fuego, también naranja saturado y bermellón.
Adj. in a figurative and poetic manner it means the color red or a fiery color, also saturated orange and vermilion.–(0120)
ARENA:
(Del latín arena) semejante al color de la arena.
(From the Latin arena) similar to the color of sand.–(0121)
ARGENTADO:
(Del latín argentum; plata) adj.también **ARGENTEADO, ARGENTEO, ARGENTIO** y **ARGENTINO.** Semejante al color de la plata.
(From the Latin argentum; silver) adj. also **ARGENTEADO, ARGENTEO, ARGENTIO** and **ARGENTINO.** Similar to the color of silver.–(0122)
ARGENTINOS:
(Del latín *argentum*; plata) combinación de los colores simbólicos nacionales argentinos: celeste y blanco.
(From the Latin *argentum*; silver) a combination of the Argentine national symbolic colors: blue and white.–(0123)
ARMIÑO:
(Probablemente del latín armenius, armenio) sinónimo de blanco por analogía con el color del pelaje invernal del animal homónimo.
(Probably from the Latin armenius, Armenian) synonym by analogy of the white winter coat of the animal of the same name.–(0124)
ARRATONADO:
Adj. color desaturado, deslucido, semejante al color del ratón.
Adj. desaturated color, dull, like the color of mouse.–(0125)
ARREBOL:
(Del latín rubor, color rojo) color rojizo.
(From the Latin rubor, red color) a reddish color.–(0126)
ARREBOLADO:
Adj. (del latín *rubor*, color rojo) tendencia rojiza como las nubes coloreadas por el sol cercano al horizonte.

Adj. (from the Latin *rubor*, red color) red tendency like the clouds colored by the sun near the horizon.–(0127)

ASFALTO:

(Del griego ásphaltos) análogo al color del asfalto.

(From the Greek ásphaltos) similar to the color of asphalt.–(0128)

ASTRACAN:

Negro profundo y brilloso análogo al color de piel del cordero nonato.

Deep black and bright color similar to an unborn lamb.–(0129)

ATABACADO:

Adj. semejante al color del tabaco.

Adj. similar to the color of tobacco.–(0130)

ATERCIOPELADO:

Adj. característica de los colores de textura, mate y densas.

Adj. characteristic of colors with matte and dense texture.–(0131)

ATEZADO:

Adj. que tiene la piel tostada por el sol; también de color negro.

Adj. that has a suntanned skin; also, of black color.–(0132)

ATIGRADO:

Adj. manchado como la piel del tigre o su color.

Adj. spotted as a tiger's skin or its color.–(0133)

AUREO:

Adj. (del latín *aureus*) dorado; usado en forma poética: de oro.

Adj. (from the Latin *aureus*) golden; used in poetic form: as of gold.–(0134)

AVELLANA:

(Del latín *abellananux*) análogo al color de la cáscara del fruto.

(From the Latin *abellananux*) similar to the color of the hazel's skin.–(0135)

AURIAZUL:

En fútbol, combinación de amarilloy azul, camiseta identificatoria del club Boca Jrs. Tambien **AZULORO.**

In soccer, a combination of yellow and blue, the jersey of the team Boca Juniors. Also: **AZULORO.**–(0136)

AVINADO:

Adj. (del latín vinum: vino) coloreado como el vino.

Adj. (from the Latin vinum: wine) colored like the wine.—(0137)

AZABACHE:

(Del árabe *az-sábay*) negro brillante por semejanza con el color del lignito homónimo.

From the Arabic *az-sábay*) bright black for its similarity with the color of the lignite of the same name.—(0138)

AZAFRAN:

(Del árabe *az-zacfarán*) tinte natural utilizado en gastronomía.Usado como nombre extensivamente en otras áreas.

From the Arabic *az-zacfarán*) natural dye used in foods. A name used extensively in other areas.—(0139)

AZAHAR:

(Del árabe *zahr*; flor) flor de los cítricos blanca y olorosa. Se le llama popularmente al color muy blanco ligeramente azulado o amarillento, algo nacarado.

(From the Arabic *zahr*; flower) white and perfumed flower of citrus trees. Popular name for a very white, slightly bluish o yellowish color, somewhat pearly.—(0140)

AZOGADO:

Adj. (del árabe *az-zaúq*; el mercurio) gris semejante al color del azogue, equivalente al gris plomo pero más luminoso.

Adj. (from the Arabic *az-zaúq*; mercury) gray similar to the color of quicksilver, equivalent to the lead gray but brighter.—(0141)

AZUCENA:

(From the Arabic as-susana; el lirio) blanco semejante a la flor de la planta liliácea; blanco medio ni opaco ni brillante.

From árabian as-susana; the iris flower) Color white similar to the flower of the lily plant. Medium white, neither opaque nor shiny.—(0142)

AZALEA:

(Del griego *azaléos*; seco, árido) por semejanza con las flores magenta claro de la planta homónima.

(From the Greek *azaléos*; dry, arid) because of its similarity with the light magenta flowers of the plant with the same name.–(0143)

AZUFRADO:

Adj. parecido al color del azufre.

Adj. similar to the color of sulphur.–(0144)

AZUFRE:

(Del latín sulfhur) color análogo al del metaloide.

From the Latin sulfhur) color similar to the metalloid.–(0145)

AZUL:

(Del árabe vulgar lazurd; *lapizlázuli*, azul) es uno de los colores espectrales. Color primario para varios sistemas cromáticos.

(From the vulgar Arabic lazurd: *lapis lazuli*, blue) It is one of the spectral colors. Primary color for various chromatic systems.–(0146)

AZUL ACERO:

También Berlín.azul con tonalidad grisácea que recuerda el acero.

Also Berlín.azul with grayish tones that resemble steel.–(0147)

AZULADO:

Adj. que vira al color azul. También azuleño.

Adj. that tends to the color blue. Also azuleño.–(0148)

AZUL BRONCE:

Azul de Prusia con insidencia del color metalico del bronce.

Blue of Prussia with influence of the metallic bronze color.–(0149)

AZUL CELESTE:

Semejante al azul cobalto o ultramar con blanco.

Similar to cobalt blue or aquamarine with White.–(0150)

AZUL CENIZA:

Azul con tendencia al gris ceniza claro o medio.

Blue tending to light or medium ash gray.–(0151)

AZUL CERÚLEO:

Azul combinación de cobalto, estaño y yeso.

Blue combination of cobalt blue, tin and plaster.–(0152)

AZUL CIAN:
Ver cian.
See cian.—(0152)

AZUL CIELO:
Por semejanza al color del cielo sin nubes.
Because of its similarity with the color of a cloudless sky.—(0153)

AZUL COBALTO:
También azul real. Oxido de cobalto y óxido de aluminio
Also azul real. Cobalt oxide and aluminum oxide.—(0154)

AZUL EGIPCIO:
También azul de cobre, alejandrino, de Pompeya, esmalte.
Also copper blue, alejandrino, from Pompei, enamel.—(0155)

AZULGRANA:
En fútbol combinación de azul y bordó, camiseta identificatoria del club San Lorenzo.
In soccer, combination of blue and scarlet, the jersey of the San Lorenzo team.—(0156)

AZULCITO:
Adj. popularmente color cercano al azul. También azulillo.
Adj. popularly, a color close to blue. Also azulillo.—(0157)

AZULEJO:
Adj. por semejanza al color del revestimiento cerámico antiguo./Azul turquesa claro.
Adj. because of its similarity with the color of an old ceramic tile./A light turquoise blue.—(0158)

AZULETE:
Reflejo azulado en los blancos.
A bluish reflection on white.—(0159)

AZULINO:
Adj. que tira al azul. Azulado. También azuloso.
Adj. that tends towards blue. Azulado. Also azuloso.—(0160)

AZUL LAVABLE:
Llamado así por semejanza al color de la tinta de escritura que desaparece al ser lavada.
So called for its similarity with the color of writing ink that vanishes when washed.–(0161)
AZUL MARINO:
Azul oscuro, casi Prusia, usado por los marinos en sus uniformes.
Dark blue, almost Prussia, used for navy uniforms.–(0161)
AZUL MEDIANO:
También azul rey o real.
Also king or royal blue.–(0162)
AZUL MINERAL:
Ver azurita.
See azurita.–(0163)
AZUL NEGRO:
Azul permanente en las tintas de escritura, también negro de vid.
Permanent blue in writing inks, also vine black.–(0164)
AZUL NOCHE:
Semejante al azul ultramar oscuro y al azul Prusia.
Similar to the dark aquamarine nlue and the Prussian blue.–(0165)
AZUL PETROLEO:
Azul negro verdoso.
Black, greenish blue.–(0166)
AZUL PRUSIA:
Asi llamado al azul de ferricianuro férrico, también París.
So-called Blue ferric ferricyanide, also Paris.–(0167)
AZUL TURQUESA:
Azul cían con blanco. Tambien de la molienda del mineral del mismo nombre.
An azul cían with white. Also from the milling of the ore of the same name.–(0168)

AZUL TALO:
Azul de fthalocianine.
Fthalocianine blue.– (0169)
AZUL ULTRAMAR:
Azul de lapizlázuli.
Lapis blue.–(0170)
AZUL ULTRAMARINO:
Azul ultramar oscuro.
Dark aquamarine blue.–(0172)
AZUL VERDOSO:
Azul con tendencia al verde.
Blue tending towards Green.–(0173)
AZUL VIOLACEO:
Azul con tendencia al violeta.
Blue tending towards violet.–(0174)
AZURITA:
De malaquita azul.
Blue malachite.–(0175)
AZUR:
Voz francesa del mismo origen que el español azul. Azul heráldico que en pintura se denota con el azul oscuro y en grabado con líneas horizontales muy espesas.
French word of the same origin as the Spanish blue. Heraldic blue that in painting is denoted in dark blue and embossed with very thick horizontal lines.–(0176)
AZZURRO:
(Del italiano) azul celeste.
(From the Italian) light blue-blue.–(0177)

BADANA:

(Del árabe *bitana*, forro) semejante al color de la piel curtida del carnero u oveja.

(Derived from Arabian *bitana*, lining) like the colour of the curried skin of ram or sheep.—(0178)

BAQUELITA:

(Bakelita): resina sintética cuyo nombre deriva del L. H. Backeland, químico belga quien fue el primero en obtenerla. Coloreada diversamente para el uso industrial se difunde como color bakelita a un tostado rojizo oscuro.

(Bakelita): kind of synthetical resin. Takes its name from the surname of the Belgian chemist L. H. Backeland who first obtained it. That resin is tinted into varied colours to use in industries. It is knwon as bakelita a type of dark tanned reddish.—(0179)

BALAJE:

(Del árabe *balaj* y éste del persa *badajxan*, nombre del lugar donde se encuentra el rubí de color morado).

(From Arabic *balaj* and originally from a Persian word *badajxan*, the place where the purple ruby comes from.—(0180)

BANANA:
(De *balatana*, corrupción caribe de plátano).
(From *balatana*, Caribbean word for this fruit).—(0181)
BANDERA:
(Del + *bandi*, lazo) también celeste bandera, o azul bandera. llamado así por semejanza con el color de la bandera Argentina.
(From got. *bandi*, sash or knot) also known as “light blue flag” or “blue flag” after the colour of the Argentinian flag.—(0182)
BARCINO:
(Del árabe *baraza*: mancha en la piel del caballo) se dice de los animales de pelo blanco y pardo y a veces rojizo.
(Arabic *baraza*, sort of stain on the skin of a horse) It is used for the animals of white or brown and sometimes reddish fur.—(0183)
BARCHILO:
Ver **FRANCISCANO**.
See **FRANCISCANO.**—(0184)
BARNIZ:
(Del latín *veronix*: resina olorosa procedente de Berenice, Egipto) Color ocre dorado brillante traslúcido, por analogía con la resina protectora del mismo nombre.
(Latin *veronix:* odorous resin that comes from Berenice, Egypt) Traslucid golden bright ocher like the protective resin named as it.—(0185)
BARNIZADO:
Adj. de textura brillante por semejanza con el color de la laca citada arriba.
Adj. It is said of bright texture similar to the colour of the lacquer.—(0186)
BARQUILLO:
Por semejanza con el color de las hoja s delgada de pasta cocida a la que se le daba una forma convexa como de barco.
Used to name the colour of thin cooked paste leaves that take the convex shape of a boat.—(0187)

BARRO:

(Voz de origen pre-romano) por semejanza con el color de la mezcla de tierra y agua, Puede identificarse con un tono pardo gris o como del color del barro cocido, o sea **TERRACOTA**

(Pre-roman word) like the colour gotten from a mixture of water and soil kind of grayish brown also named BARRO COCIDO, or **TERRACOTA**.–(0188)

BARROSO:

Adj. Que tiene al color del barro crudo.

Adj. The colour of mud.–(0189)

BASALTO:

(Del latín *basaltes*) por semejanza con el color de la roca volcánica.

(Latin word *basaltes*) Colour similar to the volcanic Rocks.–(0190)

BATARAZ:

Arg. denominación a partir del plumaje entremezclado negro y blanco. Extensivo al cabello entrecano.

In Argentina, is identified with the black and white mixed feathers. Also employed for grayish hair.–(0191)

BATATA:

(vocablo antillano tomado al parecer del Taino, lengua de Haití) por analogía con el color de la pulpa de este tubérculo cocido.

(Antillean word, probably copied from the Taino dialect of Haiti) used to name the colour of that baked sort of potatoe.–(0192)

BAYETA:

(Del it. *baietta*) de color negro por semejanza con el color de la tela de lana poco tupida.

(Italian word, *baietta*) Black as the fabric made of non densily woven wool.–(0193)

BAYO:

(Del lat. *badius*) se aplica generalmente a los caballos de pelaje blanco amarillento.

(Latin, *badius*) Used generally to name the white yellowish coat of a horse.–(0194)

BAZO:

De color moreno amarillento.

Dark brownish yellow.—(0195)

BEBÉ:

A principios de siglo en América del Norte una enfermera de la nursery de un hospital decidió diferenciar a los bebés por su sexo poniéndoles una cinta rosa a las nenas y una celeste a los varones. Conjunto de colores muy claros usados para la vesti menta de los niños recién nacidos. Hoy día extendido a otros colores muy claros y apastelados, como el **PATITO** y el **TURQUESA CLARO**, lo mismo que a gran variedad de celestes y rosas.

In a nursery of the United States of America, at the beginning of the twentieth century, a nurse in a hospital tried to distinguished male babies from female ones. So, she decided to put on them a pink ribbon for girls and light blue for the boys. There in after, it became a custom to dressed babies in very light colours. Nowadays, pertinent to light colours, pastelled as **PATITO** and light turquoise. Also applied to a great variety of pink and pale blue.—(0196)

BEBECO:

Ver **ALBINO**.

See **ALBINO.**—(0197)

BECHAMEL:

De color blanco amarillento por semejanza con la salsa blanca.

Yellowish white similar to the colour of the popular sauce.—(0198)

BEIGE:

(Palabra francesa, color de la lana sin teñir) lo impuso en el diseño de modas después de la primera. guerra mundial Coco Chanel.

(French Word, referring to the wool before being tinted) It was imposed in the fashion field after the First World War by the designer Coco Chanel.—(0199)

BELLORIO:

Pardusco.

Grayish; dull brown.—(0200)

BELLOTA:

(Del árabe *balluta*) semejante al color del fruto del roble.
(Arabic balluta) similar to the colour of the seed of the oak.—(0201)

BERENJENA:

(Del árabe *badingana*) semejante al color del fruto de la planta hortícola.
(Arabic *badingana*) used for the colour of the eggplant.—(0202)

BERGAMOTA:

(Del italiano *bergamotta* y éste del turco *beg armudi*, fruto del bey o señor por su fino aroma) semejante al color de dicha fruta.
(Italian *bergamotta* and Turkish *bea armudi*, "Fruit of the Bey", (Governor) With a delicious odour.—(0203)

BERILO:

(Del latín *beryllus* éste del griego *béryllos*) silicato de alúmina berillo. En variedades transparentes se usan como gemas, esmeralda, aguamarina, etc. De color semejante a ellas.
(Latin *beryllus* and Greek *béryllos*) silicate of beryllium alumina. Transparent gems varieties as emeralds, acquamarines, etc. Coloured like them.—(0204)

BERMEJO:

(Del latín *vermículus*, gusanillo) rojo muy subido o rubio rojizo.
(Latin vermiculus, kind of worm) Strong red or reddish gold.—(0205)

BERMEJURA, BERMEJIZO:

De color bermejo.
Bright red color.—(0207)

BERMELLÓN:

(Del francés *vermillón* y éste del latín *vermículus*) cochinilla de la encina que da color escarlata.
(French *vermillon*, originally from Latin *vermiculus*) scarlett worm louse from the holm-oak.—(0208)

BERRENDO:

Adj. (del latín variandus, de variare, variar, presentar varios matices), (del céltico beruro).

(Adj. from Latin variandus, comes from variare, change, exhibit different shades. Also from Celtic beruro).–(0209)

BERRO:

Semejante al color de la planta crucífera comestible.

Colour of the watercress plant.–(0210)

BERROQUENO:

Adj. (de *berrueco,* quizá del latín *verruca,* eminencia del terreno). Ver **GRANITO.**

(Adj. From the word berrueco, possibly taken from Lain verruca, bulge in a field.) See **GRANITO.**–(0211)

BETÚN:

(Del latín *bitumen*) negro lustroso a semejanza del preparado empleado para proteger el calzado.

(Latin *bitumen*) Bright polished black similar to the mixture for polishing shoes.–(0212)

BIANCO:

Del italiano, blanco.

(Italian word) White.–(0213)

BICOLOR:

Adj. (del latín *bicolor* de *bis,* dos y *color,* color) de dos colores.

Adj. (Latin compound word formed with *bis*, two, and *color*, colour) It means "of two colours".–(0214)

BICROMÍA:

(Del latín *bis,* dos y del griego *croma,* color) de dos colores.

(Compound term made of Latin *bis*, two, and Greek word *croma*, colour) It means "of two colours".–(0215)

BICHO COLORADO:

Del fútbol, color rojo en la camiseta identificatoria del club Argentino Juniors, e identidad de sus adeptos.

Derived from football slang, refers to the colour of the T-shirt of Argentino Junior Team. It is applied to the club supporters.–(0216)

BIGARRADO:

Adj. abigarrado, que tiene varios colores combinados.

(Adj. pertaining to badly combined or clashing colours). That combines many colours.—(0217)

BIJA:

(Del caribe *bija*, encarnado, rojo) árbol centroamericano de cuyas semillas se extrae por maceración una sustancia roja empleada por los aborígenes para teñir su cuerpo.

(Caribban word *bija*, red, pink flesh colour) Central American tree from which seeds could be obtained a red substance after macerating. Aborigines use it to dye their bodies.—(0218)

BILIS:

(Del latín *bilis*) color amarillo verdoso semejante al humor segregado por el hígado.

(From Latin *bilis*) greenish yellow like the liver secretated fluid.—(0219)

BILIOSO:

Adj. (del latín *biliosus*) que tira al color de la bilis.

Adj. (From Latin biliosus) similar to the colour of the bile.—(0220)

BILLAR:

(Verde) (del francés *billard*) color semejante al del paño del juego de mesa.

(Green) (from French Word billard) Colour of the cloth that covers the billard table.—(0221)

BITUMEN:

(Del latín *bitumen*, betún) ver **ASFALTO.**

(From Latin, bitumen, shoe polish) See **ASFALTO.**—(0222)

BISTRE, BISTRÒ:

Ver **SEPIA**. Se dice del color castaño negruzco amarillento que los antiguos obtenían haciendo hervir hollín en agua.

See **SEPIA**. It is applied to the blackish hazel yellow colour that ancient people got from boiling soot into water.—(0223)

BIZCOCHO:
(Del latín *bis*, dos veces y *coctus*, cocido) semejante al color de la pasta alimenticia de harina cocida dos veces.
(Latin term bis, that indicates trice, and coctus, cooked) The colour is similar to the food stuff made from flour and baked two times. –(0224)
BLAC:
Del inglés, *black*, negro.
From the English word Black.–(0225)
BLANC:
En francés, blanco.
A French term meaning white.–(0226)
BLANCO:
(Del germano *blank,* brillante) tono acromático resultante a la vista de la suma de las diferentes ondas lumínicas. Color Polar en la escala de valores lumínicos.
(German word: Blank, bright) type of achromous tone. To the sight it seems to be the addition of different light waves. It means polar in the range of colours values.–(0227)
BLANCO DE CHINA:
También blanco de zinc (por el pigmento que contiene) o blanco nieve.
Also named white cinc because of the pigment that it contains; also white as snow.–(0228)
BLANCO DE ESPAÑA:
También blanco de Creta, o blanco de cal.
Known as white of Crete or white lime.–(0229)
BLANCO DE PLATA:
También blanco de plomo (no luminoso).
Also named as white lead. (it is a non luminous colour).–(0230)
BLANCOTE:
Adj. Aumentativo despectivo de blanco.
Adj. Augmentative derogative form of white.–(0231)

BLANCURA:
S. condición o cualidad de blanco.
Noun, pertaining or quality related to white.–(0232)
BLANCUZCO:
Que tira a blanco.
Colour that turns to white.–(0232)
BLANCURA:
De blanquear, poner blanca alguna cosa.
From the verb whiten. Turn something into white.–(0233)
BLANQUILLO:
Adj. diminutivo de blanco. Se utiliza también como sustantivo.
Adjective also used as a noun. It is a diminutive of white.–(0234)
BLANQUINEGRO:
Adj. combinación de blanco y negro.
Adj. combination of white and black.–(0235)
BLEQUE:
En Argentina, alquitrán.
In Argentina, that means tar.–(0236)
BLU:
Del francés *blue*, azul.
French word bleu.–(0237)
BLU:
Ver **AZUL COBALTO**.
See **AZUL COBALTO**.–(0238)
BLONDO:
(Del francés *blond*) rubio.
(French term, blond) Blond or blonde.–(0239)
BLUE:
En inglés, azul.
English word.–(0240)

BLUE JEAN:
(Del inglés *blue*, azul y *jean*, sarga de algodón) semejante al color de la prenda de vestir confeccionada con dicha tela llamada tela de *jean* o vaquero.
(English compound noun, formed with the colour and a kind of cotton cloth). It refers to the colour of the clothing made of the jean fabric.—(0241)

BOL, BOL ARMENIO:
(Del catalán *bol* y éste del griego *bolos*, terrón) óxido de hierro. También rojo Venecia y rojo de hierro.
(Catalonian word, *bol*, originally comes from Greek *bolos*, clod) Oxide of iron. It also means Venetian red and red iron.—(0242)

BORDÓ:
(Del francés *bordeaux*, Burdeos) color semejante al vino rojo oscuro.
(French term, *bordeaux*, Burdeos) Looks like the colour of dark red wine.—(0243)

BORGOÑA:
(Antigua provincia francesa) color semejante a los vinos producidos allí.
(Denomination of an ancient French province) Similar to the colour of wine produced there.—(0244)

BORRAVINO:
(Del latín *burra*) color semejante al sedimento del vino.
From Latin: *burra*) Colour that looks like wine dreg.—(0245)

BOSTA:
(Del latín *bos*, buey y *stábulum*, establo) color semejante al de los excrementos de caballo.
(Derived from Latin bos, ox, and stabulum, stable) It is said of the colour similar to the excrement of horses.—(0246)

BOTELLA:
(Verde) (del francés *boteille*, botella) color semejan te al del vidrio de dichos envases.
(Green) (French word boteille, bottle) Colour of the glass which is used to make bottles.—(0247)

BRANCO:
En portugués, blanco.
Term Portuguese for White.—(0248)
BRANDY:
(Palabra inglesa) de ese color. Ver **COÑAC**.
English word referred to the colour of cognac. See **COÑAC**.—(0249)
BRASILADO:
Adj. (del latín *brasile*, por el color rojizo) de color rojizo.
Adj (from Latin brasile, because of its red tone) Reddish.—(0250)
BREA:
(Del francés *brayer* que viene a su vez del escandinavo antiguo *braeda*) ver **ALQUITRÁN**.
(French term brauer, originally an ancient Scandinavian word, braeda) See **ALQUITRÁN**.—(0251)
BRILLANTE:
Adj. (del italiano brillare, brillar) 1. De textura con brillo. // 2. Se llama también a los colores puros, saturados.
Adj. (Italian verb, brillare, shine) 1. Something of bright texture. // 2. It is also used for absolute or saturated colours.—(0252)
BRISCADO:
Adj. entremezclado de oro y plata en los diferentes tonos.
Adj. A mixture gold and silver colour in it different ranges.—(0253)
BRIZZOLATO:
Del italiano, gris.
Italian term for grey.—(0254)
BRÓCOLI:
(Del italiano *broccoli*) color semejante al de la flor sin abrir de la crucífera hortense.
(Italian word, broccoli). Similar Colour at the vegetable broccoli.—(0255)
BRONCE:
(Del italiano *bronzo*) color semejante al del metal.
(Italian term, bronzo) Imitating Color of the kind of metal.—(0256)

BRONCEADO, BRONCÍNEO:
Adj. que vira al color del bronce.
Adj. Colour drawns to bronze.—(0257)
BRUMA:
(Del latín *bruma*, invierno) color semejante al de la niebla, especialmente la que se forma en el mar.
(Derived from Latin, *bruma*, winter) Colour pertaining to the fogg, specially the mist.—(0258)
BRUMOSO:
Adj. que vira hacia el color de la bruma.
Adj. Colour what turns to the fogg or mist colour.—(0259)
BRUNO:
(Del germano *brun*, moreno) de color negro u oscuro.
From German, brun, dark) Black or dark colour.—(0260)
BRUÑIDO:
Adj. (del occitano, lengua antigua del sur de Francia, bruñir) que tiene brillo, pulimento.
Adj (from Occitane, ancient language of the South of France, to burnish) It indicates something bright, polished.—(0261)
BURIEL:
(Del bajo latín *burius*, rojizo) de color entre negro y leonado.
(From vulgar Latin, burius, reddish) Black and tawny mixtured.—(0262)

C

CABURÉ:

(Voz guaraní). Color negro, por semejanza con el ave del mismo nombre. Popularmente a su plumaje se le atribuyen poderes mágicos.

(A guaraní word). Black. By similarity with the bird of the same name. Its plumage is popularly attributed with magical powers.—(0264)

CACA:

(Voz del lenguaje infantil nacida paralelamente en muchos idiomas: En francés: *caca*; irl.: *cace*; griego: *kakc*; lat.: *aicaius*) color semejante al del excremento.

(From the language of children born simultaneously in many languages: In French: *poop*; Irish: *cace*; Greek: *kakc*; Latin: *aicaius*) color similar to excrement.—(0265)

CACAO:

(Del azteca *cacahual*) color semejante al del chocolate preparado para beber.

(From the Aztec *cacahual*) color similar the chocolate prepared to drink.—(0266)

CACHARRO:

Color de la cerámica roja sin esmaltar.

Unglazed red pottery color.—(0267)

CADÁVER:
(Del latín *cadáver*) color semejante al de la piel de los seres humanos de tez blanca, muertos.
(From the Latin *cadaver,* corpse) color similar to the skin of a white-skinned dead human.—(0268)
CAFÉ:
(Del italiano *caffé*, del turco *gahvé*) color semejante a la infusión.
(From the Italian caffè, from Turkish gahvé) color similar to the infusion.—(0269)
CAFÉ CON LECHE:
Color semejante a la infusión antedicha, mezclada con leche.
Color similar to the above infusion, mixed with milk.—(0270)
CAFRE:
(Del árabe *kafir*, infiel) color semejante al de los individuos de la Cafrería (África del Sur). Raza mestiza predominando el tipo negro.
(From the Arabic kafir, an infidel) color similar to that of individuals of Kaffraria (South Africa). A mixed race, with black predominante.—(0271)
CAKI:
(Del inglés *Khai* o *Khakee* y este del urdú *Kaki*, polvoriento) color semejante al que se usara para uniformes militares en la India.
(From the English Khai or Khakee from the Urdu Kaki) color similar to the military uniforms used in India.—(0272)
CAL:
(Del lat. vulgar *cals*, por *calx*) color blanco propio del óxido de Calcio.
(From the vulgar Latin cals, por *calx*) the white of calcium oxide.—(0273)
CALAMAR:
En fútbol combinación de marrón y blanco en la camiseta identificatoria del club Platense. También llamados así sus seguidores.
In soccer, jersey brown and white identifying Platense and the soccer club's followers.—(0274)

CALAMOCHA:
Ocre amarillo de color muy bajo o apagado.
Very muted yellow ocher.—(0275)

CALAVERA:
(Del latín *calvarea,* cráneo) ver hueso.
(From the Latin *calvarea,* skull) see 'hueso' (bone).—(0276)

CALCÁREO:
Adj. (del latín *calcarius*) blanquecino.
Adj. (from the Latin *calcarius*) whitish.—(0277)

CALCINADO:
Adj. (del latín *cabe*, cal) quemado. Efecto de desaturación
Adj. (from the Latin *cabe*, cal) burnt. Desaturation effect, by excessive light in color.—(0278)

CALDOSO:
Adj. (de caldo, del latín *caldus*, caliente). Efecto aguachento y Sucio en los colores.
Adj. (from 'caldo' (broth), from the Latin *caldus*, hot). A watery, dirty effect in colors.—(0279)

CALÉNDULA:
Color naranja rojizo semejante al de la flor de la caléndula officinalis
Red orange- similar color to the calendula officinalis flower.—(0280)

CALIDO:
Adj. Del latín *cálidus*, que da color, caluroso) se aplica al colorido En que predominan los matices dorados y rojos. Perceptualmente parecen hacer agrandar y avanzar la forma que los contiene. También colores excéntricos.
Adj. From the Latin *calidus*, which gives out color, hot) is applied to color dominated by gold and red hues. Perceptually, they seem to enlarge and advance the form that contains them. Also, eccentric colors.—(0281)

CALIGINOSO:
Adj. (del latín *caliginosus*) Se le llama a los colores oscuros, pavorosos.
Adj. (from the Latín *caliginosus*) name for dark, daunting colors.—(0282)

CALIPSO:

(Hija de Atlas que habitaba en la isla Ogigia) nombre otorgado a semejanza de una danza popular de moda en los años 60, al color cian amarillento ligeramente blanqueado.

(Atlas' Daughter who lived on the island Ogygia) name given for its likeness to a folk dance popular in the 60s to a slightly bleached yellowish cyan.—(0283)

CALIZO:

Adj. ver **CALCÁREO**.

Adj. see **CALCÁREO**.—(0284)

CALMO:

Adj. Se dice de los colores tranquilos.

Adj. It is sais of calm colors.—(0285)

CALZÓN:

(Aumentativo de calza) color semejante al de las prendas interiores De vestir usadas en el siglo XX antes en los años 40. (rosa amarillento). También, Rosa Calzón.

(Augmentative of calza 'undergarment') Color similar to undergarments worn in the twentieth century befote the 40's. (Pink beige). Also, Pink 'calzón'.—(0286)

CALLFÜ:

En araucano, o tehuelche, azul.

In Araucanian, or Tehuelche, blue.—(0287)

CAMARÓN:

(Aumentativo de cámaro, del latín *cammarus*) color rojizo semejante al del crustáceo marino.

(Augmentative of camaro (shrimp), Latin *cammarus*) reddish color similar to the marine crustacean.—(0288)

CAMBÁ:

En guaraní persona negra.

In Guaraní, a black person.—(0289)

CAMELLO:
(Del latín *camelus*) color semejante al del pelaje del animal camello.
(From the Latin *camelos* -camel) a color similar to a camel's fur.—(0290)

CAMPANILLA:
(Del latín tardío, *campana*) color semejante al de la flor, azul violáceo profundo, de la planta trepadora del mismo nombre o campánula.
(From the Latin tardío, *campana,* bell) a color similar to the blue, deep violet of the vine flower of the same name o campánula (bellflower).—(0291)

CANACA:
(Voz de oceanía) individuo de raza amarilla. También pálido, amarillento.
(An Australian word) an individual of the "yellow race". Also pale yellow.—(0292)

CANARIO:
1. Color semejante al del plumaje amarillo del ave canora doméstica, originaria de las islas canarias, tonalidad debida a una mutación genética surgida en los criaderos europeos hacia l700. // 2. En rugby camiseta identifícatoria del club La Plata, y sus adeptos.
1. Color similar to the yellow plumage of the domestic songbird, originally from the Canary Islands, hue due to a genetic mutation that arose in European hatcheries in the l700s. // 2. The jersey that identifies La Plata Rugby Club and its followers.—(0293)

CANDENTE:
Adj. (del latín *candeus*, que brilla o arde) aplicado a los colores cálidos cercanos a la cúspide luminosa, de esa característica.
Adj. (from the Latin *candeus*, that shines or burns) applied to the warm colors of this characteristic close to the apex of luminescence.—(0294)

CÁNDIDO:
Adj. (del latín *candidus*) color o grupo de colores apastelados, luminosos y de aspecto traslúcido.
Adj. (from the Latin *candidus*) Color or group of pastel colors, bright and translucent in appearance.—(0295)

CANELA:
(Del italiano *cannella*) color semejante al de la corteza aromática (ver acanelado).
(From the Italian *cannella*) color similar to the aromatic bark (see acanelado).–(0296)

CANICIE:
S. (del latin *canities*) blancura del pelo por paso del tiempo, diferente al albino.
N. (from the Latin *canities*) whiteness of hair due to the passing of time, different than albino.–(0297)

CANO, CANOSO:
Adj. (del latín *canus*, blanco, encanecido) se aplica al color entremezclado abundantemente con blanco.
Adj. (from the Latin *canus*, white, gray) is applied to a color intermingled abundantly with white.–(0298)

CAÑA:
(Del latín *canna*) color semejante al del tallo semiseco de la planta gramínea. (verde amarillento pálido)
(From the Latin *canna*) color similar to the semi-dry stalk of the canna plant. (pale yellowish green).–(0299)

CAOBA:
(Del caribe *Kaobán*) color pardo rojizo semejante al de la madera del árbol del mismo nombre.
From the Caribbean *Kaobán*) reddish-brown color similar to the wood of the tree of the same name.–(0290)

CAPULLO:
(Probablemente de un cruce del latín *cappello*, cepillo y *cucullus*, capucho), color semejante al del botón de la rosa rosada.
(Probably from both, the Latin cappello (brush) and cucullus, cap), a color similar to the doorman's outfit at the Casa Rosada (Argentina's government house).–(0291)

CAPUT-MORTUM:
Rojo de hierro azulado.
Blue iron red.—(0292)
CARACUL:
(De *Karakul*, población del Asia Central) color de la piel parecida al astracán, pero menos rizada, (ver astracán)
(From *Karakul*, a town in Central Asia) a color similar to the Astrakhan fur, but less curly (see Astracán).—(0293)
CARAMELO:
(Del latín *calamellus*, dim. de *calamus*, caña) color semejante al del azúcar cocida al fuego (ver acaramelado).
(From the Latin *calamellus*, dim. of *calamus*, canna) a color similar to fire cooked sugar (see Acaramelado).—(0294)
CARBÓN:
(Del latín *carbo*) color negro semejante al de la materia combustible del mismo nombre.
(From the Latin *carbo*) black similar to the combustible material of the same name.—(0295)
CARDENAL:
(Del latín *cardinallis*, principal, fundamental) color semejante al color encarnado de la vestimenta de los prelados que componen el sacro colegio.
(From the Latin *cardinallis*, principal, fundamental) color similar to the red of the outfit of the prelates who composed the Sacred College.—(0296)
CARDENILLO:
Materia verdosa o azulada que se forma en los objetos de cobre o En sus aleaciones.
Greenish or bluish material that appears on copper or copper alloy objects.—(0297)
CÁRDENO:
(Del latín tardío cárdinus, azulado, de cardus, cardo) de color amoratado.
(From the later Latin cárdinus, bluish, from cardus, thistle) a purplish color.—(0298)

CARDO:
(Del latín tardío *cardus*, de *carduus*) color semejante al de las hojas maduras de dicha especie. Verde oscuro, grisáceo azulado.
(From the later Latin *cardus*, from *carduus*) color similar to the mature leaves of said species. Greish, bluish dark green.–(0299)

CAREY:
(Voz del Taino de Santo Domingo) color pardo rojizo oscuro semejante al de la caparazón de las tortugas de los mares tropicales y subtropicales.
(From the Taino of Santo Domingo) dark reddish brown similar to the carapace of turtles in tropical and subtropical seas.–(0300)

CARGADO:
Adj. fuerte espeso saturado.
Adj. Strong, thick, saturated.–(0301)

CARMESÍ:
(Del francés *carmín*) ver **CARMÍN.**
(From the French *carmín*) see **CARMÍN**.–(0302)

CARMÍN:
(From the French y este probablemente del árabe *qirmiz*, quermes, cochinilla) color semejante al de la materia color rojizo que se extraía de la cochinilla.
(Del francés *carmín* and this probably from the Arabic qirmiz, kermes, cochineal) color similar to the red material that was extracted from the cochineal.–(0303)

CARMINOSO:
Adj. color que vira al carmín.
Adj. Which changes to crimson color.–(0304)

CARNACIÓN:
S. (Del francés *carnatión* y este del italiano *carnagione*, encarnación). 1. Color de la tez en pintura. // 2. Bl. color natural y no heráldico que se da en el escudo a varias partes del cuerpo humano.
(From the French *carnatión* from the Italian carnagione, embodiment) 1. Skin color in painting. // 2. Bl. natural color, not heraldic given in a coat of arms to various parts of the human body.–(0305)

CARNAL:
Adj. (del latín *carnalis*) ver **CARNACIÓN.**
Adj. (from the Latin *carnalis*) see **CARNACIÓN.**—(0306)
CARNE:
(Del latín caro, *carnis*) 1. Color semejante al de la piel humana (ver **CARNACIÓN**). // 2. Carne de doncella: nombre que se daba en el siglo XVII al color rosado de algunas telas finas.
(From the Latin "caro", *carnis*) 1. A color similar to the human skin (see **CARNACIÓN**). // 2. A maiden's 'meat' (skin), name given in the XVII Century to the pink color of some fine fabrics.—(0307)
CÁRNICO:
Adj. en pintura se denominan colores cárnicos a los empleados para los diferentes tipos de tez.
Adj. In painting, 'cárnico' colors are those that refer to the different hues of skin colors.—(0308)
CAROTENO:
(Del latín *carota*, zanahoria) color amarillo anaranjado semejante al del pigmento amarillo de la zanahoria, la yema de huevo y que acompaña a la clorifila de las hojas verdes.
(From the Latin *carota*, carrot) yellow-orange color similar to the yellow pigment of the carrot, the egg yolk, that is combined with the chlorophyll in green leaves.—(0309)
CARÜ:
En araucano, y tehuelche, verde.
In Araucanian, and Tehuelche, green.—(0310)
CARRARA:
Color blanco traslucido, semejante al del mármol proveniente de la ciudad del mismo nombre en Italia.
Translucent white color, similar to the marble from the city of the same name in Italy.—(0311)
CASCARILLA:
(Diminutivo de cascara) s. color semejante al color pardo rojizo claro, de la cascarilla del cacao.

(Diminutive of cáscara, shell) color similar to light reddish brown of the husks of cocoa.—(0312)

CASTAÑO/A:

(Del latín *castanea*) color semejante al de la cascara de la castaña.

(From the Latin *castanea*) color similar to the shell of the chestnut.—(0313)

CASTOR:

(Del latín *castor*) color castaño oscuro con reflejos amarillentos Semejante al del pelo del mamífero roedor.

(From the Latin for *casto,* beaver) dark brown with yellow highlights similar to the fur of the rodent mammal.—(0314)

CATIL:

Peruanismo, negro.

Peruvian vocable for black.—(0315)

CEDRO:

(Del latín *cedrus* y este del griego Kedros) color pardo rojizo claro semejante al de la madera del árbol del mismo nombre.

(From the Latin *cedros*, from the Greek Kedros) Light reddish brown color similar to the wood of the tree of the same name.—(0316)

CEIBO:

(Probablemente del taino de Santo Domingo *ceiba* o *ceiba*, árbol del Caribe) color semejante al de la flor de la leguminosa de Argentina, Uruguay y Brasil. En la república Argentina, flor nacional.

(Probably from the Taino of Santo Domingo *ceiba* o *ceiba*, Caribbean tree) a color similar to the legume flower of Argentina, Uruguay and Brazil. Argentina's national flower.—(0317)

CELADÓN:

(Personaje de la novela francesa *Astrée*, tipo de amante lánguido). Su divisa era color verde pálido; de donde se trasladó ese nombre a un color semejante, usado en la época de Luis XIV y a una porcelana china antigua del mismo color, entre otros usos.

(Character in the French novel *Astrée*, a languid kind of lover.) His banner was pale green, from where the word moved to the color used in the time of Louis XIV and an ancient Chinese porcelain of the same color, among other uses.—(0318)

CELESTE:

(Del latín *caeletis*) azules con blanco semejante al del color delcielo, por extensión todas las variedades de azules con blanco.

(From the Latin *caeletis*) blues with white similar to the color of the sky. By extension, all varieties of blues with white.—(0319)

CEMENTO:

(Del latín vulgar *cementum*, argamasa) color semejante al del cemento portland cuya fabricación comenzó en l780 en Inglaterra. Su color gris verdoso es semejante al del material extraido de las canteras inglesas de Portland.

(From Vulgar Latin *cementum*, mortar) color similar to the portland cement manufacture which began in l780 in England. Its gray-green color is similar to the material extracted from quarries in Portland, England.—(0320)

CENAGOSO:

Adj. (del latín *colnosus*) ver **BARROSO**.

Adj. (from the Latín *colnosus*) see **BARROSO**.—(0321)

CENICIENTO, CINÉREO:

(Del latín vulgar *cinisia*, de *cinis*, ceniza) color semejante al del polvo color gris claro que queda después de una combustión completa.

(From Vulgar Latin *cinisia*, from cinis, ash) Similar Color to light gray powder that remains after complete combustion.—(0322)

CENIZA:

Adj. de color de ceniza.

Adj. The color of ash.—(0323)

CENTELLANTE:

Adj. color sobresaturado, que parece brillar, centellear o chispear.

Adj. oversaturated color, which seems to shine, glitter or sparkle.—(0324)

CERÁMICO:

Adj. (del griego *Keramiké*) color semejante al de la arcilla roja cocida. Ver **TERRACOTA**.

Adj. (from the Greek Keramiké) color similar to cooked red clay. See **TERRACOTA**.—(0325)

CEREZA:

(Del latín *cerazus* y éste del griego *Kérasos*) color semejante al del fruto maduro de la planta rosácea.

(From the Latin *cerazu,* from the Greek *Kérasos*) color similar to the ripe fruit of the cherry plant.—(0326)

CÉREO, CEROSO:

Adj. (del latín cereus) de aspecto traslúcido y blanquecino Semejante a la cera.

Adj.(from the Latin cereus) of whitish translucent appearance, like wax.—(0327)

CERÚLEO:

Adj. (del latín *caerules*) ver **AZUL CERÚLEO**.

Adj. (from the Latin *caerules*) see **AZUL CERÚLEO**.—(0328)

CERUSE:

Blanco de plomo.

Lead white.—(0329)

CERVEZA:

(Del latín *cervesia*, de origen galo) color semejante al de la bebida rubia del mismo nombre. Variedad de color ámbar.

(From the Latin *cervesia*, of Gallic origin) color similar to the blonde drink of the same name. Variety of amber color.—(0330)

CERVUNO:

Adj. (del hispano lat. *cervunus*) color pardo-rojizo semejante al del pelaje del ciervo.

Adj. (from the Hispanic Latin *cervunus*) reddish-brown color similar to the deer's fur.—(0331)

CÉSPED:

(Del latin *caespes*) color verde azulado brillante semejante al de la hierba rastrera así llamada.

(From the Latin *caespes*) bright blue-green color similar to the creeping grass.—(0332)

CETRINO:
Adj. (del latín *citrus*, cidra) se aplica a las tonalides amarillo verdosas.
Adj. (from the Latin *citrus*, cider) applies to greenish-yellow huies.—(0333)

CHALA:
(Voz quichua asimilada por el castellano) color semejante al de la hoja verde que envuelve la mazorca del maíz.
(Quechua voice assimilated by Castilian) color similar to the green leaf that wraps around the ear of corn.—(0334)

CHAMPAÑA:
(De la voz francesa *Champagne*, nombre de una región de ese país. Color claro semejante al del vino espumante.
(From the French word Champagne, the name of a French region. A clear color similar to the sparkling wine.—(0335)

CHAMUSCADO:
Adj. (del portugués *chamuscar*, de *chama*, llama) efecto quemado del color, por tostado o excesivamente iluminado.
Adj. (from the Portuguese *chamuscar*, from *chama*, flame) burned effect of the color, for roasted or over-lighted.—(0336)

CHAPURRADO, CHAPURREADO:
Adj. (voz imitativa) colores mal mezclados.
Adj. (imitative word) badly mixed colors.—(0337)

CHAROL:
Del portugués *chardo* v éste del chino *chat-liao*) negro muy lustroso.
From the Portuguese *chardo*, from the Chinese *chat-liao)* very glossy black.—(0338)

CHAROLADO:
Adj. Lustroso.
Adj. Glossy.—(0339)

CHATARRA:
(Del vasco *txatar*. dim. de *zatar*, andrajo) nombre despreciativo del color óxido de hierro.
(From the Basque *txatar*. Diminutive of *zatar*, rag) derisive name for the color of iron.—(0340)

CHAUCHA:

(Voz quichua, no maduro) color semejante a lavainadel fruto de la planta hortense.

(Quichua word for immature) color similar to the pod of the fruit of the horticultural plant.—(0341)

CHAUCHE:

(Del francés dialectal *enchauser* y éste del latín *encaustiare*, de *encaustum*, encausto) rojo de minio.

(From the French dialect word *enchause,* from the Latin *encaustiare*, from *encaustum*, encaustic) minium red.—(0342)

CHIC:

Adj. (voz francesa) colores chic, colores que desrtacan elegancia personal.

Adj. (French word) chic colors, colors that highlight a personal elegance.—(0343)

CHICHA:

(Voz indígnea de Panamá, extendida a America del sur. abreviatura de *chichah-copah*, *chichah*, maíz y *copah*, bebida) color ámbar profundo semejante al de la bebida autóctona fermentada de maíz.

(Panamanian indigenous word, extended to South America. Abbreviation of *chichah-copah*, *chichah*, corn y *copah*, drink) deep amber color similar to the local beverage of fermented corn.—(0344)

CHICHARRÓN:

(De *chich*, onomatopéyico imitador del ruido de la grasa al freírse) color pardo dorado negrusco semejante al de los residuos de gordura tostados.

(From *chich*, onomatopoeia imitating the noise of frying fat) blackish golden brown similar to residue of roasted fat.—(0345)

CHICHE:

Adj. (del quichua *chichi*, cosa menuda) color de aspecto distinguido, primoroso.

Adj. (from the Quichua *chichi*, something small) color of distinguished, exquisite appearance.—(0346)

CHILLÓN:
Adj. color estridente, muy saturado o mal combinado.
Adj. strident color, very saturated or badly mixed.—(0347)
CHOCANTE:
Adj. color excesivamente contrastado, de aspecto desagradable.
Adj. color excessively, unsightly contrasted.—(0348)
CHOCO:
Adj. 1. Rojo oscuro. // 2. De tez muy morena.
Adj. 1. Dark red. // 2. Of very dark complexion.—(0349)
CHOCOLATE:
(Del mejicano *chocolatl*, de *choco*, cacao y *latl*, agua) color semejante al de la pasta de cacao y azúcar.
(From the Mexican *chocolatl*, from *choco*, cocoa and *latl*, water) color similar to the cocoa paste and sugar.—(0350)
CHUÑO:
(Voz quichua) color blanco grisáceo, semejante al de la fécula de papas cocida con leche y azúcar.
(A Quichua word) grayish white color, similar to the starch of potatoes cooked with milk and sugar.—(0351)
CÍAN:
(Del griego *Ryanos*, azul) color primario del círculo cromático generativo sustractivo.(teoría tricromática)
(From the Greek *Ryanos*, blue) primary color of the generative subtractive chromatic wheel. (trichromatic theory).—(0352)
CÍANÓTICO:
Adj. (del griego *Kyánosis*) 1. Azulado. // 2. Coloración azul negruzca o lívida de la piel por escasa oxigenación de la sangre.
Adj. (from the Greek *Kyánosis*) 1. Bluish. // 2. Blackish or pale blue color of the skin by low blood oxygenation.—(0353)
CIELO:
(Del latín *caelum*) color semejante al del aspecto de la bóveda celeste en días claros y luminosos. Azul ultramar con blanco.

(From the Latin *caelum*) color similar to the appearance of the light blue sky in a bright clear day. Ultramarine blue with white.–(0354)

CINABRIO:

(Del latín *cinnabaris* y éste del griego *Kinnábari)* 1. Sulfuro natural de mercurio color rojo oscuro a veces terroso. // 2. También escarlata y bermellón. // 3. Nombre antiguo del minio.

(From the Latin *cinnabaris*, form the Greek *Kinnábari).* 1. Dark red, sometimes earthy, of the natural sulfur of mercury. // 2. Also scarlet and bermellón. // 3. Minium's old name.–(0355)

CINC:

(Del alemán *Zink*) color gris intermedio semejante al del metal del mismo nombre, un poco más claro que el color del plomo.

(From the German *Zink*) medium gray color similar to the metal of the same name, a little lighter than the color of lead.–(0356)

CINZOLÍN:

(Del francés *zingolín* y éste del italiano *gioggiolino* a su vez del castellano *ajonjolí*) de color violeta rojizo.

From the French *zingolín*, from the Italian *gioggiolino*, from the Castllian *ajonjolí*) of a redish violet color.–(0357)

CIRUELA:

(Del latín *cereola* (pruna) ciruela de color de uva dim. pl. de *creum prunum*) en Arg. color morado semejante al de la variedad ciruela remolacha.

(From the Latin *cereola* (prune) plum the color of grape. Diminutive plural of creum Prunum) in Argentina: A purple color similar to the plum beet variety.–(0358)

CÍTRICO:

Adj. (del latín *citrus*, limón) ver (color) ácido.

Adj. (from the Latin *citrus*, lemon) see ácido (color).–(0359)

CKELLU:

En quechua amarillo.

Yellow in Quechua.–(0360)

CKELU-CKELLU:
En quechua amarillento.
Yellowish in Quechua.–(0361)
CKELLULU:
En quechua amarillento.
Yellowish in Quechua.–(0362)
CKOMER:
En quechua verde y verde y negro (pronunciar fómer).
Green and black and green in Quechua (pronounced Pho-mer).–(0363)
CLARITO, CLARUCHO:
Adj. color claro, en el segundo caso además es despectivo.
Adj. a light color. "Clarucho" is also derogatory.–(0364)
CLARO:
Adj. (del latín *clarus*) se dice del color luminoso no muy cargado
De tinta. adj. (from the Latin *clarus*) It refers to a bright color no too saturated with tint.–(0365)
CLOROFILA:
(Del griego *chlorós*, verde y *phyllon*, hoja) verde ligeramente azulado semejante a la savia vegetal que se acumula especialmente en las hojas de las plantas.
(From the Greek *chlorós*, green and *phyllon*, leaf) slightly bluish green similar to the plant sap that accumulates especially in the leaves of plants.–(0366)
COÁGULO:
(Del latín *coagulum*) color semejante al de la sangre cuajada.
(From the Latin *coagulum*) like the color of coagulated blood.–(0367)
COBALTO:
(Del alemán *Kobalt*) ver azul cobalto.
(From the German *Kobalt*) see 'azul cobalto'.–(0368)
COBRE:
(Del latín *cuprum*, por *Cyprum*, Chipre, isla productora de cobre) color semejante al del metal del mismo nombre.

(From the Latinn *cuprum*, for *Cyprum*, Cyprus, a copper producing island) color similar to the metal of the same name.–(0369)

COBREÑO, COBRIZO:

Adj. de color semejante al del metal cobre.

Adj. color similar to copper.–(0370)

COCO:

(Voz aplicada, al parecer, al fruto del cocotero por los marinos portugueses del siglo XV). Color semejante al de la cascara madura del fruto del cocotero.

(Voice applied, apparently the fruit of the coconut by Portuguese seamen in the XV century). Color similar to the mature shell of the coconut fruit.–(0371)

COÑAC:

(Voz francesa, *cognac,* nombre de la población de ese nombre) color semejante al tono de la bebida destilada de vinos. Color caramelo dorado.

(French, *cognac,* name of the town of that name) color tone similar to the distilled spirit of wine. Golden caramel color.–(0372)

COLOR:

(Del latín *color*) todos los efectos visuales surgidos de la percepción de las diferentes ondas energéticas visibles de la luz.

(From the Latin *color*) all visual effects arising from the perception of different wavelengths of visible light energy.–(0373)

COLORACIÓN:

S. efecto de conjunto que produce el color.

N. overall effect that produces the color.–(0374)

COLORADO:

(Del latín *coloratus*) 1. S. color rojo. // 2. Adj. coloreado, que tiene color.

(From the Latin *coloratus*) 1. N. color red. // 2. Adj. colored, that has color.–(0375)

COLORADITO:

Dim. de colorado. Color afín al rojo. En general, en los casos de que un color se asemeja a un color de clara identidad, es frecuente el uso del diminutivo, a fines de indicar ese acercamiento al color del caso.

Diminutive of red. Related to red color. In general, when a color resembles a color of specified identity, the use of the diminutive frequently indicates that proximity.—(0376)

COLORETE:

1. De efecto arrebolado. // 2. S. peyorativo de un color cualquiera.

1. Of blasting effect. // 2. N. pejorative. Of any one color.—(0377)

COLORIDO:

Adj. expresión referida a la variedad cromática. Algo es colorido, cuando tiene muchos tonos.

Adj. expression that refers to the chromatic variety. One, is colorful, when it has many hues.—(0378)

COLORÍN:

S. color vivo y sobresaliente principalmente cuando está contrapuesto a otros.

N. vivid color and outstanding mainly when opposed to others.—(0379)

COLORINCHE:

S. (despectivo de color) en el Río de la Plata color muy chillón o desagradable y/o agresiva combinación de colores.

N. (derogatory of color) in the Río de la Plata: very loud or unpleasant color and/or aggressive combination of colors.—(0380)

COLOR CORPORATIVO:

Adj. también llamado color institucional, combinación de colores que representan la identidad de una empresa o institución.

Adj. also called institutional color, combination of colors that represent the identity of a company or institution.—(0381)

COMPLEMENTARIO:

Adj. se dice del color opuesto a otro en su esencia, que mezclados entre sí se neutralizan entre sí totalmente. (P. ej.: amarillo y violeta. En la mezcla sustractiva producen negro y en la aditiva el blanco. También tienen la propiedad en las síntesis sustractivas de que al yuxtaponerse se exaltan mutuamente, provocando en la línea de contacto al ser aplicados en una superficie, un efecto de irradiación).

Adj. it is said of the opposite color to another in its essence, which mixed together neutralize each other completely. (Eg.: yellow and violet. In the subtractive mixture they produced black and white in the additive. In the subtractive synthesis, they also have the property of exalting each other when juxtaposed, resulting in an effect of irradiation when they are in contact in a surface).–(0382)

COMPUESTO:

Adj. (del latín *compósitus*) que consta en su mezcla de varios colores.

Adj. (from the Latin *compósitus*) that includes various colors in its mixture.–(0383)

CONFETI:

Adj. (del italiano *confetti*, pl. de *confetto* y éste del latín *confectus,* elaborado) variedad de colores brillantes con algo de blanco luminoso, por el efecto del azúcar.

Adj. (from the Italian *confetti*, pl. of *confetto*, from the Latin *confectus,* manufactured) variety of bright colors with some bright white, the effect of sugar.–(0384)

CONFITADO:

Adj. variedad de colores pastel, de aspecto sedoso como el otorgado por el baño de azúcar.

Adj. variety of pastel colors, silky-looking as that accorded by sugar icing.–(0385)

CONFITE:

(Del francés *confit* y éste del latín *confectus*, elaborado) (rosa confite).

(From the French *confit*, from the Latin *confectus*, manufactured) (rosa confite).–(0386)

CONFUSO:

Adj. (del latín *confusus*) color mezclado, dudoso, poco perceptible, difícil de diferenciar.

Adj. (from the Latin *confusus*) mixed color, doubtful, little noticed, difficult to distinguish.—(0387)

CONTIGUO:

Adj. (el latín *contiguus*) color inmediato de una serie de colores de clara identidad, no necesariamente continuos.

Adj. (from the Latin *contiguus*) related color of a series of colors with a clear identity, not necessarily continuous.—(0388)

CONTINUO:

Adj. (del latín *continuus*) variación de un color a otro que parece sin interrupción.

Adj. (from the Latin *continuus*) change from one color to another that seems without interruption.—(0389)

CONTRARIO:

Adj. (del latín *contrarius*) color opuesto o complementario.

Adj. (from the Latin *contrarius*) opposite or complementary color.—(0390)

CONTRASTADO:

Adj. color muy diferenciado con su entorno.

Adj. a color very distinct from its surroundings.—(0391)

CORAL:

(Del latín *coralium*) color semejante a la secreción roja caliza.

(From the Latin *coralium*) color similar to the red limestone secretion.—(0392)

CORALINO:

Adj. semejante al color del coral.

Adj. similar to coral.—(0393)

CORCHO:

S. (del latín *cortex*, corteza) color pardo claro semejante al de la corteza del alcornoque.

N. (from the Latin *cortex*, bark) brown color similar to the bark of the cork oak.—(0394)

COTORRA:

Color cotorra o verde cotorra. s (tal vez de cotorrera, hembra del papagayo) verde brillante a semejanza del plumaje del ave. Color de loro verde pequeño, característico de amplias zonas de Argentina.

Parakeet or green parrot color. s (perhaps from 'cotorrera', female parrot) bright green plumage like the bird. Color of the small green parrot characteristic of large parts of Argentina.—(0395)

CREMA:

(Del latín *crecuin*, nata) color blanco amarillento semejante al de la sustancia crasa contenida en la leche.

(From the Latin *crecuin*, cream) yellowish white color similar to the fatty substance contained in milk.—(0396)

CREMOSO:

Adj. colores de aspecto a la consistencia semi sólida de la crema, en general presentan mezcla de blanco y amarillo ocre.

Adj. colors that appear similar to the aspect of semi-solid cream. Generally, a mixture of white and yellow-ocher.—(0397)

CREPITANTE:

Adj. (del latín *crepitans*) color pálido saturado y brillante.

Adj. (from the Latin *crepitans*) a pale, saturated brilliant color.—(0398)

CRESPÓN:

S. (*de crespo*) color negro opaco semejante al de la gasa de urdimbre retorcida empleada antiguamente como señal de luto.

N. (*from crespo*) matte black similar to the twisted warp gauze formerly employed as a sign of mourning.—(0399)

CRISTALINO:

Adj. (del latín *crystallus* y éste del griego *Krystallos*) colores de aspecto transparente y brillante.

Adj. (from the Latin *crystallus*, from the Greek *Krystallos*) Colors that appear clear and bright.—(0400)

CRISOCOLA:

Verde malaquita de cobre.

Malachite green copper.—(0401)

CROMADO:

Adj. color gris muy claro metálico de las superficies de metal revestidas electrolíticamente con cromo.

Adj. very light metallic gray of the metal surfaces electrolytically coated with chromium.—(0402)

CROMALÍN:

Llamado así en la jerga gráfica, a la muestra de color de imprenta, realizada como prueba antes de imprimir.—(0402ª)

CROMÁTICO:

Adj. (del latín *chromáticus* y éste del griego *chriomatikós*) relativo al color.

Adj. (from the Latin *chromáticus* from the Greek *chriomatikós*) relative to color.—(0403)

CRUDO:

S. (del latín *crudus*) color semejante al de las telas de algodón o lino sin teñir.

N. (from the Latin *crudus*) color similar to that of undyed cotton or linen fabrics.—(0404)

CUCURUCHO:

(Del italiano dialectal *cucuruccio*, del latín *cucullus*) color semejante a los conos de pasta de barquillo.

(From Italian slang *cucuruccio*, from the Latin *cucullus*) color similar to the waffle cone paste.—(0405)

CUERO:

(Del latín *corium*) color semejante al del cuero vacuno curtido sin teñir expuesto al aire y la luz.

(From Latin *corium*) color similar to tanned cowhide exposed to air and light without dye.—(0406)

CUERVO:

(Del latín *corvus*) color negro profundo semejante al del plumaje del Corvus Corax.

(From the Latin *corvus*) deep black similar to the plumage of the Corvus Corax.—(0407)

CÚRCUMA:

(Del árabe *curcum* y éste del sánscrito *kunkuma*, azafrán) color amarillo semejante al de la cingiberácea.

(From the Arabic *curcum*, from the Sanscrit *kunkuma*, saffron) color yellow similar to ginger.—(0408)

CURÜ:

En araucano, negro.

In Araucanian, black.—(0409)

CURRY:

Color semejante al de la salsa del mismo nombre usada originariamente en la India.

Colour similar to the sauce of the same name used originally in India.—(0410)

D

DAMASCO:

(De Damasco, ciudad de Siria) color semejante al de la fruta de la Familia del albaricoquero.

(From Damascus, a Syrian city) color similar to the fruit of the apricot family.–(0411)

DÁTIL:

(Del latín dáctilus y éste del griego dáctulus, por su forma de dedo) color semejante al del fruto de la palmera.

(From the Latin dáctilus, from the Greek dáctulus, because of its finger shape) color similar to the palm fruit, date.–(0412)

DAZZLE-PAINTING:

Término ingles, pintura camuflada de guerra. Tambien color camuflado, aunque sea un conjunto de tonos, se menciona como un solo color.

English term, war camouflaged paint. Also: camouflage color, even if it is several colors, it is referred to as one color.–(0413)

DÉBIL:

Adj. (del latín débilis) color desaturado de aspecto poco vigoroso.

Adj. (from the Latin débilis. Weak.) desaturated color of poor vigorous aspect.–(0414)

DECOLORADO:

Adj. que ha perdido color.

Adj. which has lost its color.—(0415)

DEFINIDO:

Adj. color claramente identificado.

Adj. clearly identified color.—(0416)

DEGRADADO:

1. Adj. desaturado, color que tiene disminuida su viveza. // 2. Color que se presenta en una superficie variando su saturación.

1. Adj. desaturated, color that lost its vivaciousness. // 2. Color that presents itself in a surface changing its saturation.—(0417)

DELICADO:

Adj. (del latín *delicatus*). 1. A causa de por su materia cromática: aquél color fácil de deteriorarse. // 2. A cusa de su significación: aquél que connota suavidad.

Adj. (from the Latin *delicatus*). 1. For its chromatic material: the one that easy to deteriorate. // 2. For its significance: the one that denotes suavity.—(0418)

DELIRANTE:

Adj. color extravagante y muy atractivo.

Adj. extrabagant and very attractive color.—(0419)

DERIVADO:

Adj. (del latín *derivatus*) color evidentemente proveniente de otro.

Adj. (from the Latin *derivatus*) Color evidently derives from another color.—(0420)

DESABRIDO:

Adj. (de desaborido) que no presenta connotaciones importantes ni atractivas.

Adj. (from *desaborido*) a color that does not present important or attractive connotations.—(0421)

DESAPERCIBIDO:

Adj. (galicismo por inadvertido). Aquí se aplica a los colores que no son saturados, y poco atractivos.

Adj. (French for inadverted). I Argentina it is applied to those colors that are nor saturated or that are not attractive.—(0422)

DESATURADO:

Adj. que ha perdido su apariencia de pureza. Se nombran como tintes cuando la desaturación es hacia la luz; de matices cuando ésta es hacia la oscuridad y de tonos cuando pierde saturación al degradarse por un gris de luminosidad intermedia.

Adj. that has lost its appearance of purity. They are called dies when the desaturation is towards the light; of nuances when it is into the dark and of tones when the saturation is lost by a gray of middle brightness.—(0423)

DESCANSADO:

Adj. color sedante, que produce calma en el que lo mira.

Adj. soothing color that produces calm in the observer.—(0424)

DESCARADO:

Adj. (de descarar, mostrarse sin tapujos) color estridente, atrevido.

Adj. (from descarar, to show onself without subterfuges) a vibrant and daring color.—(0425)

DESCARNADO:

1. Adj. color explícito y saturado. // 2. Semejante al color rojo claro del cuerpo que ha perdido la piel.

1. Adj. explicit and saturated color. // 2. Similar to the light red of a skinless body.—(0426)

DESCOLGADO:

Vulg. adj. color que no armoniza dentro de un contexto.

Vulg. adj. color that is not in harmony with a context.—(0427)

DESCOLORIDO:

Adj. de color pálido o que ha perdido color.

Adj. a pale color or the loss of color.—(0428)

DESCOMPUESTO:

Adj. en artes plásticas, colores de aspecto sucio.

Adj. in the fine arts: a dirty looking color.—(0429)

DESCONCERTANTE:

Adj. en un contexto, color saturado que no pertenece al sistema armónico del resto.

Adj. in a context, a saturated color that does not belong in a harmonic system with the rest.–(0430)

DESCONECTADO:

Adj. se dice del color que no pertenece al sistema donde estáincluido.

Adj. it is said of a color that does not belong with the system where it is included.–(0430)

DESIERTO:

(Del latín *desertus*) color que da sensación de vacío, no saturado, preferentemente claro, y agrisado.

(From the Latin *desertus*) A color what gives the sensation of emptiness, not saturated, preferably clear, and graying.–(0431)

DESLEÍDO:

Adj. (de desleír, probablemente del latín *delere*, destruir). Color diluido, claro, desaturado.ver también **AGUACHENTO**.

Adj. (from *desleír*, probably from the Latin *delere*, to destroy). A diluted color, clear, desaturated. See also **AGUACHENTO**.–(0432)

DESLUCIDO:

Adj. que no tiene gracia, atractivo o lustre. Dícese del color que ha perdido luminosidad y saturación.

Adj. that is not graceful, attractive or glossy. It is said to have lost color brightness and saturation.–(0433)

DESLUMBRANTE:

Adj. que encanta y maravilla con su brillo.

Adj. that enchants and marvels with its brightness.–(0435)

DESPAREJO:

Adj. tonalidad de aspecto no uniforme, irregular.

Adj. an uneven, irregular hue.–(0436)

DESTELLANTE:

(Del latín scintillarse, centellar, resplandecer) luminoso,centellante.

(From the Latin scintillarse, to sparkle, to glow) bright sparkling.– (0437)

DESTEÑIDO:

Adj. que tiene quitado, borrado o apagado el color. Tambien Lavado.

Adj. that the color has been taken away, erased o dimmed. Also: 'lavado' (washed).—(0438)

DESVAÍDO:

Adj. (del portugués *esvaido* y éste del latín *evanere*, desvanecer) se dice del color desaturado y disipado.

Adj. (from the Portuguese *esvaido* and this from the Latin *evanere*, fading) it refers to the desaturated and dissipated color.—(0439)

DETERIORADO:

Adj. Color estropeado, menoscabado, que ha perdido pureza e interés.

Adj. A damaged, impaired color, which has lost purity and interest.—(0440)

DIABLOS ROJOS:

En fútbol, color rojo en la camiseta identificatoria del club Independiente.

In soccer, a red color of the jersey that identifies the *Independiente* soccer club.—(0445)

DIÁFANO:

Adj. (del griego *diaphanes*, de *diaphainein*, aparecer o verse a través) color claro, límpido.

Adj. (from the Greek *diaphanes*, from *diaphainein*, to appear or to see one self through) a clear, clean color.—(0446)

DIAMANTINO:

Adj. que tiene el brillo y la claridad del diamante.

Adj. that has the brightness and clarity of a diamond.—(0447)

DIARREA:

(Del latín diarrhoea y éste del griego diarrohioa, de diarrhein.
Fluir a través) usado despectivamente, color pardo amarillo semejante al de los excrementos líquidos.

(From the Latin diarrhoea and this from the Greek diarrohioa, from diarrhein, to flow) used disparagingly, a yellow-brown color similar to that of liquid excrement.—(0448)

DIFUMINADO:
Adj. Diluido como humo, espumado.
Adj. diluted like smoke, foamy.—(0449)

DILUÍDO:
Adj. (del latín *diluens*) desleído.
Adj. (from the Latin *diluens*) diluted.—(0450)

DISCIPLINADO:
Adj. color blanco amarilleto de escasa clorofila en las hojas de algunos vegetales.
Adj. a yellowish white color of low chlorophyll in the leaves of certain plants.—(0451)

DISCOLORO:
Adj. (del latín *discolor*) de varios colores.
Adj. (from the Latin *discolor*) of several colors.—(0452)

DISTINGUIDO:
Adj. (del latín *distinguere*, distinguir, diferenciar) color que connota nobleza y elegancia.
Adj. (from the Latin *distinguere*, to distinguish, to differentiate). Color what connotes nobility and elegance.—(0453)

DORADO:
De color del oro o parecido a él.
Gold color or similar.—(0454)

DULCE:
Adj. (del latín dulcis) colores que connotan cierta sensación suavev agradable al paladar. (rosados de bermellón, naranja, y magenta, amarillo oro claro, etc.
Adj. (from the Latin dulcis) colors that connote softness and agreeable to the palate. (Vermilion pink, orange, magenta, yellow, light yellow-gold, etc.—(0455)

DULCE DE LECHE:
Color semejante al del dulce del mismo nombre.
Color similar to the desert of the same name.—(0456)

DUNA:
(Del neerlardés *duin*, antiguamente *dunen*) color semejante al de los médanos.
(From the Dutch *duin*, old: *dunen*) a color similar to that of a dune.–(0457)

DURAZNO:
(Del latín *duracinus*, de *durus*, duro, referente a las frutas cuya carne está muy pegada al hueso) color semejante al de la fruta llama da por Plinio *Duracinia Pérsica*. Todos los colores naranja, algo desaturados con blanco.
(From the Latin *duracinus*, from *durus*, hard, it refers to fruits whose flesh is very attached to the bone) color similar to the fruit called *Duracinia Pérsica* by Plinio. All the orange colors a bit desaturated with white.–(0458)

ÉBANO:

(Del latín *ebenusy* éste del griego ébenos).color semejante al de la madera del árbol del Mismo nombre.

From the Latin *ebenusy* and this from the Greek ébenos). A color similar to the wood of the ebony tree.–(0459)

EBÚRNEO:

Adj. (del latín *eburneus*) blanco marfil o parecido a él.

Adj. (from the Latin *eburneus*) ivory white o similar.–(0460)

EDULCORADO:

Adj. (del bajo latín *edulcorare*, de *dulcís*, dulce) color dulce, empalagoso a la vista.

Adj. (from the low Latin *edulcorare*, from *dulcís*, sweet) a sweet color, cloying to the eyes.–(0461)

EFECTISTA:

Adj. color que produce efecto o impresión.

Adj. a color that produces an effect or impression.–(0462)

EFERVESCENTE:

Adj. (del latín *effervescens*, del verbo *effervescere*, empezar a Hervir) colores saturados de efecto agitado.

Adj. (from the Latin *effervescens*, from the verb *effervescere*, to start to boil over) saturated colors with and agitated effect.—(0463)

ELÉCTRICO:

Adj. (especialmente azul) llamado así por su aspecto vibrante.

Adj. (specially blue) so called because of its vibrant aspect.—(0464)

ELEFANTE:

(Del latín *elephas*) color gris cálido semejante al de la piel del mamífero.

(From the Latin *elephas*) a warm grey color similar to the skin of the mammal.—(0465)

EMBADURNADO:

Adj. (por metátesis del dialectal *embadurnar.*, del también dialectal *Barduno*, barroso) embarrado.

Adj. (after the colloquial *embadurnar*, and also from the colloquial *barduno*, muddy) muddied.—(0466)

EMBARRADO:

Adj. untado y cubierto con barro.

Adj. greased and covered with mud.—(0467)

EMBETUNADO:

Adj. ensuciado con negro.

Adj. dirtied with black.—(0468)

EMBOSTADO:

Adj. sucio, manchado con verde y negro.

Adj. dirty, spotted with green and black.—(0469)

EMERGENTE:

1. Adj. (del latín *emergere*, emerger) color que sobresale de su contexto. // 2. Nuevo, de tendencia.

1. Adj. (from the Latin *emergere*, to emerge) a color that emerges from its context. // 2. Of new tendency.—(0470)

EMPALAGOSO:

Adj. combinación de colores dulces y recargados en su variedad.

Adj. a scheme of sweet colors, overloaded in its variety.—(0471)

EMPOLVADO:
Adj. colores que presentan una sobre superficie blanquecina.
Adj. Colors that represent a whitish surface.—(0472)
ENCALADO:
Adj. colores blanqueados.
Adj. white-washed colors.—(0473)
ENCARNADINO:
Adj. de color encarnado, bajo en saturación.
Adj. a fleshy color, low in saturation.—(0474)
ENCARNADO:
S. Colorado.
N. Red.—(0475)
ENCARNE:
S. nombre del color en artes plásticas, con que se representa la piel.
N. name of color in the visual arts with which skin is represented.—(0476)
ENCAUSTO:
(Del latín *encaustum* y éste del griego *egkauston*) rojo que en la Antigüedad tenía la tinta de los emperadores.
(From the Latin *encaustum* and this from the Greek griego *egkauston*) red that, in antiquity, had the ink of the emperors.—(0477)
ENCENDIDO:
Adj. de color cálido muy subido.
Adj. A warm and intense color.—(0478)
ENCERADO:
Adj. colores satinados con apariencia de tener pátina de cera.
Adj. satin-like color with a waxy sheen look.—(0479)
ENFÁTICO:
Adj. (del griego *emphatikós*) color contrastado.
Adj. (from the Greek *emphatikós*) a contrasted color.—(0480)
ENFRIADO:
Adj. color al que se le ha hecho perder efecto de calidez por desaturación.
Adj. weakened color that lost its warmth due to lost of saturation.—(0481)

ENJALBEGADO:
Adj. blanqueado de cal, yeso, etc.
Adj. bleaceh with lime, gypsum, etc.—(0482)
ENLODADO:
Adj. embarrado.
Adj. muddied.—(0483)
ENLUCIDO:
Adj. blanqueado liso para que tenga buena presencia.
Adj. bleached smooth for good looks.—(0484)
ENLUTADO:
Adj. oscurecido con negro.
Adj. darkened with black.—(0485)
ENMUGRADO:
Adj. sucio. Incluso a las situaciones.
Adj. dirty.—(0486)
ENNEGRECIDO:
Adj. oscurecido con negro.
Adj. darkened with black.—(0487)
ENRARECIDO:
Adj. enturbiado, con otros colores o acromáticos, presentando Una apariencia extraña.
Adj. blotched with other colors or achromatics showing a strange appearance.—(0488)
ENROJECIDO:
Adj. teñido de rojo.
Adj. dyed red.—(0489)
ENROÑADO:
Adj. ensuciado.
Adj. dirtied.—(0490)
ENSANGRENTADO:
Adj. color de la familia de los rojos carmín.
Adj. color of the family of crimson red.—(0491)

ENSUCIADO:
Adj. color deslucido.
Adj. a lackluster color.—(0492)
ENTONADO:
Adj. color armonizado.
Adj. a harmonized color— (0493)
ENTRECANO:
Adj. color del pelo entremezclado con blanco.
Adj. color of hair mixed with white.—(0494)
ENTREVERADO:
Adj. que tiene mezclados varios colores.
Adj. that has several many mixed colors.—(0495)
ENTURBIADO:
Adj. color ligeramente desaturado con aspecto opaco.
Adj. slightly desaturated color with an opaque look.—(0496)
ENVENENADO:
Adj. en pintura efecto desaturado y agresivo de ciertos colores.
Adj. in painting, aggressive, desaturated effect of certain colors.—(0497)
ENVERDECIDO:
Adj. teñido de verde.
Adj. dyed Green.—(0498)
ENVERADO:
Adj. color que ha empezado a tomar la fruta al madurar.
Adj. color that has begun to take the fruit when it ripens.—(0499)
EORRENK:
En tehuelche, blanco
From tehuelche, white.—(0499[a])
EOSINA:
S. (del griego *Eos*, la aurora) colorante derivado de la fluoresceina Que tiñe de color rosa vivo.
N. (from the Greek *Eos*, dawn) a tint that derives from the fluorescence what dyes lively pink.—(0500)

EQUILIBRADO:

Adj. se dice en la composición visual de los colores que en su conjunto y masa son armoniosos y dinámicos en compensación.

Adj. it is said of the visual composition of colors that, together and in mass, are, in their compensation, harmonious and dynamic.—(0501)

EQUIVALENTE:

Adj. (del latín *aequivalens*) que es igual o semejante en valor, color y saturación.

Adj. (from the Latin *aequivalens*) that is equal or similar in value, color and saturation.—(0502)

ERUBESCENCIA:

S. (del latín *erubescentia*) rubor de la piel.

N. (from the Latin *erubescentia*) skin flushing.—(0503)

ERUGINOSO:

Adj. (del latín *aeruginosus*) herrumbroso.

Adj. (from the Latin *aeruginosus*) rusty.—(0504)

ESCARLATA:

(Del bajo latín *scarlatum*) variedad de rojo.

(From the low Latin *scarlatum*) a variety of red.—(0506)

ESCAYOLA:

S. (del italiano *scagliuola*) ver yeso.

N. (from the Italian *scagliuola*) see gypsum.—(0507)

ESFUMADO:

Adj. (del italiano *sfumato*) tonos degradados y suaves que difunden el límite de las formas.

Adj. (from the Italian) degraded and soft tones that spread out to the edges of shapes.—(0508)

ESMALTE:

S. (del francés *smalt*, derretir) color azul que se hace fundiendo vidrio con óxido de cobalto. Vel azul egipcio.

N. (from the French *smalt*, to melt). A blue color made by melting glass with cobalt oxide. See azul egipcio (Egyptian blue).—(0509)

ESMERALDA:

(Del latín *smaragdus* y éste del griego *smaragdos*) color semejante Al de la piedra preciosa.

(From the Latin *smaragdus* and the Greek *smaragdos*) a color similar to the precious stone emerald.—(0510)

ESMERALDINO:

Adj. (del latín *smaragdinus*) que tira al color verde esmeralda:

Adj. (from the Latin *smaragdinus*) What tends towards the emerald green.—(0511)

ESOTÉRICO:

Adj. (del griego *esoterikós*, interior) colores simbólicos de la filosofía ocultista.

Adj.(from the Greek *esoterikós*, interior) symbolic colors of the philosophy of the occult.—(0512)

ESPALTO:

S. (del italiano *spalto*) color oscuro, transparente y dulce para veladuras, que se hace con betún de judea.

N. (from the Italian *spalto*) a dark color for glazes, transparent and sweet, made with bitumen.—(0513)

ESPECTRAL:

Adj. (del latín *spectrum*) colores pertenecientes al espectro lumínico solar.

Adj. (from the Latin *spectrum*) colors belonging to the solar light spectrum.—(0514)

ESPEJADO:

Adj. Superficie coloreada que reflejan la luz como un espejo.

Adj. A colored surface that reflexes light as mirror.—(0515)

ESPERANZA:

Adj. 1. (Verde) se dice de algo que aún no ha madurado. // 2. Ver Verde ilusión.

Adj. 1. (Green) it is said of something that has not matured yet. // 2. See verde ilusión.—(0516)

ESPLENDIDO:
Adj. (del latín *spléndidus*) magnífico, resplandeciente.
Adj. (from the Latin *spléndidus*) magnificent, resplendent.—(0517)
ESPOLVOREADO:
Adj. Empolvado.
Adj. powdered.—(0518)
ESPURIO:
Adj. (del latín *spurius*) color adulterado.
Adj. (from the Latin *spurius*) and adulterated color.—(0519)
ESQUITADO:
Adj. salpicado de pintas (mármol).
Adj. splashed paint (marble).—(0520)
ESTAÑO:
(Del latín *stannum*) color semejante al del metal.
(From the Latin *stannum*) similar to the color of tin.—(0521)
ESTÉTICO:
Adj. (del griego *aisthetikós*, de *aisthánomai*, sentir) armonioso, artístico.
Adj. (from the Greek *aisthetikós*, from *aisthánomai*, to feel) Harmonious, artistic.—(0522)
ESTRAZA:
Color semejante al del papel de pasta sin blanquear.
Color similar to unbleached paper paste.—(0523)
ESTRIDENTE:
Adj. (del latín *stridens*) color muy saturado y brillante.
Adj. (from the Latin *stridens*) A very saturated and brilliant color.—(0524)
ETÉREO:
Adj. (del latín *aetherius*) color muy desaturado y luminoso.
Adj. (from the Latin *aetherius*) a very desaturated and bright color.—(0525)
EVANESCENTE:
Adj. (del latín *evanescens*) color esfumado.
Adj. (from the Latin *evanescens*) toned down color.—(0526)

EXCÉNTRICO:

Adj. 1. Color raro o extravagante. // 2. Color de los llamados cálidos que aparentan expandirse.

Adj. 1. A rare or extravagant color. // 2. A so called warm color that appear to expand.–(0527)

EXCITANTE:

Adj. (del latín *excitare,* excitar) color entre el magenta y el amarillo cálido que provoca estímulos dinámicos.

Adj. (from the Latin *excitare,* excite) color between magenta and warm yellow that causes dynamic stimulation.–(0528)

EXCLUSIVO:

Adj. único, original.

Adj. unique, original.–(0529)

EXÓTICO:

Adj. (del latín *exoticus*, del griego *exotikos*) relación de colores extraña o extravagante.

Adj. (from the Latin *exoticus*, from the Greek *exotikos*) strange o extravagant colors.–(0530)

EXPANSIVO:

Adj. (del latín *expansus*, extendido) que parece ocupar mayor espacio que el real de la forma que lo contiene.

Adj. (from the Latin *expansus*, extended) that seems to occupy more space than the shape that contains it.–(0531)

EXPRESIVO:

Adj. (del latín *expressio*) se dice de aquellos colores que connotan sentimiento o idea.

Adj. (from the Latin *expressio*) it is said of colors that connote feeling or idea.–(0532)

EXTRAVAGANTE:

Adj. (de *extravagans*, del bajo latín *extravagari*) raro, extraño, fuera de lo común.

Adj. (from *extravagans*, from the low Latin *extravagari*) weird, strange, unusual.–(0533)

EXUBERANTE:

Adj. (del latín *exuberans*) muy saturado y expansivo.

Adj. (from the Latin *exuberans*) very saturated and expansive.—(0534)

FARIÑA:

(Del gallego portugués *farinha,* harina) color semejante al de la harina de mandioca.

(From the Galician Portuguese *farinha*, flour). Color similar to that of cassava flour.—(0535)

FÉCULA:

S. (del latín faecula) color blanco grisáceo amarillento semejante al del hidrato de carbono extraído de las semillas y tubérculos de muchas plantas.

N. (from the Latin faecula) yellowish gray-white color similar to the carbohydrate extracted from the seeds and tubers of many plants.—(0536)

FEDERAL:

Adj. (del latín *foedus*, pacto,alianza) también punzó. Variedad de rojo azulado usado como divisa política en el siglo pasado.

Adj. (From the Latin *foedus*, pact, alliance) also "punzó". A bluish-red variety used as a political banner (in Argentina) in the XIX century.—(0537)

FERROSO, FERRUGINOSO:

Adj. (del latín *ferrum*) color tendiente al rojo de óxido de hierro.

Adj. (from the Latin *ferrum*) a color that tends to the red of rust.—(0536)

FIAMBRE:
S. (de frío) ver **CADAVER**.
N. (from "cold") see **CADAVER.**—(0537).
FIEL:
Adj. (del latín *fidelis*) color que es referencia exacta del color de algo.
Adj. (from the Latin *fidelis*) a color that refers exactly to the color of something.—(0538)
FIERRO:
(Del latín *ferrum*) color gris oscuro semejante al del metal hierro
(From the Latin *ferrum*) a dark gray color similar to iron.—(0539)
FILM, FÍLMICO:
Adj. (voz inglesa que significa membrana, película) también color de película. Color insustancial.
Adj. (English word meaning membrane) also: 'movie color'. An unsubstantial color.—(0540)
FLAMANTE:
Adj. (del italiano *fiammante*) color nuevo, luciente
Adj. (from the Italian *fiammante*) a new, bright color.—(0541)
FLAMENCO:
(De *flamingo*, derivado del latín *flamma*, llama) color semejante al de la base de las alas del ave zancuda.
From *flamingo*, from the Latin *flamma*, flame) a color similar to the base of the wings of the long-legged bird.—(0542)
FLAMEO:
S. (del latín *flammeus*) rojo fuego.
N. (from the Latin *flammeus*) fiery red.—(0543)
FLAMÍGERO:
Adj. (del latín *flammiger*, de *flamma*, llama y gerere, llevar) color cálido muy excéntrico.
Adj. ((from the Latin *flammiger*, from *flamma*, flame and *gerere*, to carry) a warm and very eccentric color.—(0544)

FLAVO:

Adj. (del latín *flavus*) de color entre amarillo y rojo como el de la miel.

Adj. (from the Latin *flavus*) a color between yellow and red, as the color of honey.—(0545)

FLORIDO:

Adj. conjunto de colores brillantes semejantes a los de las flores.

Adj. assembly of brilliant colors similar to those of the flowers.—(0546)

FLÚ, FLUO, FLUORESCENTE:

Adj. (del latín *flúor*,de *fluere*,fluir) colores de apariencia luminosa, sobresaturada.

Adj. (from the Latin *flúor*, from *fluere*, to flow) colors of luminous, supersaturated appearance.—(0547)

FOGOSO:

Adj. (de *fuego*, del latín *focus*) colores cálidos y excéntricos,

Adj. (from the Spanish *fuego*, from the Latin *focus*) warm and eccentric colors.—(0548)

FORMIDABLE:

Adj. color deslumbrante, estupendo, muy apropiado.

Adj. overwhelming, wonderful, very appropriate color.—(0549)

FRAILE:

(Del occitano *fraire*, hermano y éste del latín *frater*) ver **FRANCISCANO.**

(From the Occitan *fraire*, brother, from the Latin *frater*) see **FRANCISCANO.**—(0550)

FRAMBUESA:

(Del francés f*ramboise*) color rojo magenta semejante al de la fruta.

(From the French f*ramboise*) a red magenta similar to the raspberry fruit.—(0551)

FRANCISCANO:

De color parecido al del sayal que llevan los religiosos de la orden de San Francisco de Asís.

Of color similar to the robes of the monks of the order of St. Francis of Assisi.—(0552)

FRESA:
S. (del francés *fraise* y éste del latín *fraga*) ver **FRUTILLA.**
N. (from the French, from the Latin *fraga*) see **FRUTILLA**.–(0553)

FRESCO:
Adj. colores luminosos de temperatura aparente fría (concéntricos).
Adj. bright colors of cold temperature appearance (concentric).–(0554)

FRÍO:
Adj. colores que parecen contraerse y alejarse en profundidad. (concéntricos).
Adj. colors that seem to be contract and to move away in depth. (concentric).–(0555)

FRÍVOLO:
Adj. (del latín *frivolus*) colores que connotan superficialidad.
Adj. (from the Latin *frivolus*, frivolous) colors that denote superficiality.–(0556)

FRUTILLA:
(Diminutivo de fruta) color semejante al del fruto de la Fragaria
(Diminutive of 'fruta', fruit) color similar to the fruit of the fragaria. (0557)

FUCSIA:
Color semejante al de las flores de algunas especies de Fuchsia.
A color similar to the flowers of some fuchsia species.–(0558)

FUCSINA:
Anilina de color magenta.
Aniline of magenta color.–(0559)

FUEGO:
(Del latín *focus*) color rojo anaranjado.
(From the Latin *focus*) an orange-red color.–(0560)

FUERTE:
Adj. (del latín *fortis*) saturado
Adj. (from the Latin *fortis*) saturated.–(0561)

FULERO:
Adj. (del gitano *ful*, falso, fallido) color feo, desagradable
Adj. (from the Gypsy *ful*, false, failed) an ugly, unlikable color.–(0562)

FULGENTE, FÚLGIDO, FULGURANTE:

Adj. (del latín *fulgens*) brillante, resplandeciente.

Adj. (from the Latin *fulgens*) brilliant, shining.—(0563)

FÚNEBRE:

Adj. (del latín *funebris*) colores tristes y fríos por semejanza a los colores del luto (negro, gris oscuro, violeta opaco).

Adj. (from the Latin *funebris*) sad and cold colors similar to the colors of mourning (black, dark-gray, opaque purple).—(0564)

FUNEBREROS:

En fútbol, los adeptos a la camiseta identificatoria del club Chacarita.

In soccer, the fans jersey identifying of the *Chacarita* soccer club.—(0565)

FURIOSO:

Adj. (del latín *furiosus*) muy saturado.

Adj. (from the Latin *furiosus*) very saturated.—(0566)

FUSIONADO:

Adj. (de *fusión* del latín *fusio*) mezcla uniforme de colores de uno a otro.

Adj. (from the Spanish *fusión,* fusion, from the Latin *fusio*) uniformed blend of colors from one to another.—(0567)

FÚTIL:

Adj. (del latín *futilis*) color evanescente, muy difuso

Adj. (from the Latin *futilis*) a vanishing, disused color.—(0568)

G

GABARDINA:
(Cruce de gabán con el antiguo tabardina.dim.de tabardo) color semejante al del sobretodo ligero de tela impermeable.
(The result of crossing a coat with the old "tabardina", diminutive of tabard) a color similar to the light, waterproofed overcoat.–(0569)
GALVANIZADO:
(Degai vanización, de Galvani, apellido del físico italiano del siglo XIXque descubrió el fenómeno de la posible aplicación de una capa de metal sobre otro) color semejante al del hierro galvanizado.
(From galvanization, from Galvani, surname of the Italian physicist of the XIX century who discovered the phenomenon of the possible application of a metal layer over another) color similar to that of galvanized iron.–(0570)
GACELA:
(Del árabe gazába) color semejante al de la piel del animal.
(From the Arabic gazaba) a color similar to the animal's skin.–(0571)
GALLETITA:
Color semejante a la masa dulce cocida al horno.
Color similar to oven baked sweet dough.–(0572)

GAMA:
S. sucesión continua de colores.
N. A continuous succession of colors.–(0573)

GAMUZA:
(Del latín tardío camox) color semejante al de la piel curtida del caprino.
(From the late Latin camox) color similar to the tanned skin of goats.–(0574)

GARBANZO:
(Del gallego portugués *gravanco*) color semejante al de la semilla de la planta leguminosa.
(From the Galician Portuguese *gravanco*) color similar to the seed of the legume.–(0575)

GARDENIA:
S. color blanco ligeramente amarillento a semejanza del color de la flor del jazmín del cabo.
N. slightly yellowish white similar to the cape jasmine flower.–(0576)

GARZO:
S. color azulado empleado generalmente para denominar el color de ojos.
N. blue color usually used to describe the color of eyes.–(0577)

GAVIOTA:
Color semejante al del plumaje del ave.
Color similar to plumage the birds.–(0578)

GÉLIDO:
(Del latín *gelidus*) color semejante al color de los témpanos.
(It comes from Latin *gelidus*) It has a similar color to ice floes.–(0579)

GENERATIVO:
Adj. (del latín *generatum*) Se dice de los colores amarillo magenta y cian que tienen la posibilidad de engendrar los demás colores por mezcla íntima de pigmentos.
Adj. (It comes from Latin *generatum*) It refers to yellow, magenta and cyan colors that have the possibility to create more colors by intimate mixing of pigments.–(0580)

GEOKETENK:
En tehuelche, morado.
From tehuelche, purple.—(0580a)
GERANIO:
(Del latín *geranium* y éste del griego *guéranos*, grulla, por la forma en pico del fruto) color semejante al de la flor rosada más difundida de esta especie.
(It comes from Latin *geranium* and from Greek *guéranos*, which means crane - so named because of the long spur on the fruit, thought to resemble a crane's beak) It has a similar color to the pink flower of some of the species.—(0581)
GIALLOLINO, GIALLO:
1. S. amarillo de Nápoles. // 2. S. En italiano, amarillo.
1. N. It is a yellow color from Naples. // 2. N. In Italian means yellow.—(0582)
GILVO:
S. (del latín *gilvus*) color miel o rosa, poco usado.
N. (It comes from Latin *gilvus*) It is a honey pink color which is little used.—(0583)
GIRASOL:
S. Color amarillo semejante al de la flor de la planta anual, similar al amarillo de cadmio oscuro.
N. It has a yellow color similar to the flower of the sunflower plant, and it has also a similar color to dark cadmium-yellow color.—(0584)
GLACIAL, GLACIAR:
S. (del francés *glacier*). Color blanco azulado.
N. (It comes from French *glacier*) It is a bluish-white color.—(0585)
GLASÉ, GLASEADO:
Adj. (del francés *glacé*, de *glacer* y éste del latín *glacies*, hielo) Colores pastel satinados con brillo similar a la escarcha.
Adj. (It comes from French *glacé*, *glacer* and from Latin *glacies*, which means ice) These are shining pastel colors with a bright effect. It has a similar color to the frost.—(0586)

GLAUCO:
S. (del latín *glaucus* y éste del griego *glaukós*, de color verde mar)
N. (It comes from Latin *glaucus* and from Greek *glaukós*, which means sea-green color).–(0587)
GLICINA:
(Del francés *glycine*) color lila semejante al de la flor de la enredadera.
(It comes from French *glycine*) It has a lilac color similar to the flower of the climbing plant.–(0588)
GOFIO:
S. (palabra guanche, de los antiguos habitantes de las Canarias) Color semejante al de la harina de trigo tostada. Ver **AMARILLO OCRE**.
N. (It comes from Guanche Language -an extinct language- used to be spoken by aboriginal people of the Canary Islands).It has a similar color to flour made from roasted grains (typically wheat) See **AMARILLO OCRE**.–(0589)
GORRIÓN:
Color gris cálido, semejante al del plumaje del ave de la familia de los Fringílidos.
It is a warm gray color similar to the plumage of the bird in the family Fringillidae.–(0589)
GRADACIÓN:
S. (del latín *gradiato*) serie de colores ordenados a intervalos regulares.
N. (It comes from Latin *gradiato*) It is a set of colors organized in regular intervals.–(0590)
GRADIENTE:
S. (del francés *gradient* y éste del latín *gradiens*, de *gradiri*, ir, avanzar) Cada uno de los pasos de una gradación.
N. (It comes from French *gradient* and from Latin *gradiens*, *gradiri* meaning to go, to move forward) It involves every step of the gradation process.–(0591)
GRANA:
S. (del latín *grannum*) rojo.
N. (It comes from Latin *grannum*) It is a red color.–(0592)

GRANADA:

(Del latín *granata*) Color semejante a los granos del fruto del granado.

(It comes from Latin *granata*) It has a similar color to the grains of the fruit of pomegranate tree.—(0593)

GRANADINA:

S. Color grana claro semejante al del refresco hecho con sumo de granada.

N. It has a light maroon color similar to the non-alcoholic drink made with pomegranate juice.—(0594)

GRANATE:

(Del occitano antiguo *granat* o del francés *grenat*, del latín *granatum*). 1. Color rojo oscuro semejante al de la piedra fina. // 2. En fútbol, camiseta identificadora del club Lanús.

(It comes from Old French *granat*, from French *grenat,* and from Latin *granatum*). 1. It is a dark red color similar to the gemstone. // 2. It is the color of the Club Atlético Lanús, a football club from Argentina.—(0595)

GRANCÉ:

S. (del francés *grancé*, del v. *grancer*, teñir con granza) también rojo de rubia o granza.

N. (It comes from French *grancé*, and from the verb *grancer*, which means to dye with madder) It is also referred to as blonde red or madder.—(0596)

GRANITO:

(Del italiano *granito*, granulado) color semejante al de la roca eruptiva.

(It comes from Italian *granite* meaning grained texture) It has a similar color to the eruptive rock.—(0597)

GRANZA:

(Del latín tardío *grandea*, pl. de grande, harina o trigo grueso) Color rojo semejante al de rubia, generalmente usado para lacas.

(It comes from Late Latin *grandea*, which means wheat or flour) It has a red color similar to blonde red, often used in hair sprays.—(0598)

GREY:

S. En inglés, gris.

N. In English means grey. (0599)

GREDA:

(Del latín *creta*) Color claro amarillento, semejante al de la arcilla.

(From Latin *creta*) It is a light yellowish color similar to the clay.—(0600)

GREEN:

S. En inglés, verde. Por extensión, se usa para designar el pasto del campo de juego.

N. In English means green. It is used to refer to the grass of the playing field.—(0601)

GRES:

(Del griego *gres*, arenisca) Color claro amarillento semejante a la pasta de arcilla que, cocida, es de efecto impermeable y refractario.

(It comes from Greek *gres*, which means stoneware) It has a light yellowish color similar to the clay that (is generally once-fired) has an impermeable and heat-resistant effect.—(0602)

GRIS:

S. (del germano antiguo *gris*) Mezcla de blanco y negro.

N. (It comes from Old Germanic language *gris*) It is a mixture of white and black colors.—(0603)

GRIS ACERO:

Color gris azulado semejante al del acero.

It is a bluish- gray color similar to steel.—(0604)

GRIS PERLA:

Color gris claro ligeramente azulado.

It is a slightly bluish light gray color.—(0605)

GRIS PLOMO:

Color gris oscuro con tendencia al azul.

It is dark grey color that tends to blue.—(0606)

GRIS SUCIO:

Color gris cálido.

It is a warm gray color.—(0607)

GRIS TOPO:

Color gris oscuro ligeramente violáceo.

It is a slightly violaceous-grey color.—(0608)

GRISÁCEO:
Adj. De color que parece gris.
Adj. It is a color that seems grey.—(0609)
GRISALLA:
S. Galicismo por claroscuro.2.Color gris acerado.
N. It is a Gallicism for chiaroscuro. 2. It is steely gray color.—(0610)
GROSELLA:
(Del francés *groseille*, de origen incierto) color semejante al del fruto de la grosella roja.
(It comes from French *groseille*; its origin is quite uncertain) It has a similar color to the fruit of the red currant.—(0611)
GUALDA:
S. (del germano *walda*) color amarillo dorado.
N. (It comes from German *walda*) It is a golden yellow color.—(0612)
GUANO:
S. (del quichua *wanu*, estiércol) color amarillo grisáceo oscuro semejante al del excremento de las aves marinas.
N. (It comes from Quichua Language *wanu* meaning the droppings of sea birds) It is a dark grayish yellow color similar to the excrement of sea birds.—(0613)
GUATAMBÚ:
Color semejante al de la madera del árbol misionero.
It has a similar color to the wood of the flowering tree in the rue family, Rutaceae. It is native to Argentina, Brazil and Paraguay.—(0614)
GUINDA:
(origen quizá germano, del catalán *guindola* y el francés *guigne*) color semejante al del fruto del guindo.
(It may be Germanic in origin, or may come from Catalan *guindola* and French *guigne*) It has a similar color to the fruit of the morello cherry tree.—(0615)
GUTA-GAMBA:
S. amarillo.
N. Yellow.—(0616)

HABANO:

(De Habana, capital de Cuba) color pardo amarillento semejante al de los cigarros de hoja originarios de Cuba.

(From Habana, capital city of Cuba yellowish-brown color similar to the leaf cigars originating in Cuba.—(0617)

HANSA:

Adj. (del antiguo alto alemán *hansa*, compañía) variedad de amarillos y rojos, denominados como la antigua confederación de ciudades alemanas. Inglesas y del norte de Francia, cuyas compañías mercantiles se aliaron para protegerse.

Adj. (from the Old High German *hansa*, company) variety of yellows and reds, known as the old confederation of German. English and northern France cities, whose merchant companies joined forces to protect themselves.—(0618)

HELADO:

Adj. (del latín *gelatus*, helado) colores de apariencia muy fría.

Adj. (from the Latin *gelatus*, frozen) colors of very cold appearance.—(0619)

HEMATINA:

S. (de *hema*, forma prefija del griego *haima*, sangre) sustancia colorante de color oscuro de la sangre.

N. (from *hema*, a prefix form from the Greek *haima*, blood) a staining substance akin to dark blood.—(0620)

HEMATITE:

S. (del latín *haematites* y éste del griego *haimatites*) óxido de hierro rojo, pardo o amarillo oscuro en caso de estar hidratado.

N. (from the Latin *haematites*, from the Greek *haimatites*) red iron oxide, brown or dark yellow when hydrated.—(0621)

HERÁLDICO:

Adj. colores pertenecientes a la simbología de los blasones. También llamados esmaltes: el amarillo representa el oro, el blanco la plata, a los que se denominan metales; rojo o gules, azul o azur, negro, o sable, verde o sinople y violado o púrpura.

Adj. colors belonging to the symbolism of heraldry. Also called enamels: yellow represents gold, white represents silver, which are called metals; red or gules, blue or azure, black or sable, green or sinople and violet or purple.—(0622)

HERMOSO:

Adj. (del latín *formosus*) bello.

(From the Latin *formosus*) beautiful.—(0623)

HERRUMBRE:

(Del latín vulgar *férrigo*) color óxido de hierro.

(From the vulgar Latin *férrigo*) rusty iron color.—(0624)

HÍBRIDO:

Adj. (del francés *hybride* y éste del latín *hybrida*) color con mezcla de distinta naturaleza.

Adj. (from the French *hybride,* from the Latin *hybrida*) mixture of colors of different nature.—(0625)

HIEDRA:

(Del latín *hederá*) color verde oscuro semejante al de la planta trepadora.

(From the Latin *hederá*) dark green color similar to the climbing ivy.—(0626)

HIÉL:

S. (del latín fel, *hiel*) color amarillento verdoso.

N. (from the Latin fel, gall) a yellowish green.—(0627)

HIELO:
S. (del latín *gelu*) color blanco azulado.
N. (from the Latin *gelu*) bluish white.—(0628)
HIERBA:
(Del latín *herba*) color verde brillante como el del pasto tierno.
(From the Latin *herba*) bright green, like tender grass.—(0629)
HIERRO:
S. (del latín *ferrum*) color gris oscuro.
N. (from the Latin *ferrum*) dark gray.—(0630)
HOJA:
(Del latín *folia*) color semejante al verde de cadmio mediano.
(From the Latin *folia*) green color similar to medium cadmium.—(0631)
HOJALATA:
S. (por hoja de lata) color gris medio claro dorado.
N. (for tin) a medium, light gray, golden color.—(0632)
HOJARASCA:
Nombre de fantasía aplicado a pinturas ambientales, de apariencia de amarillo con ocre.
Fancy name applied to enviromental paints of an appearance of yellow with ocher.—(0633)
HOLLÍN:
S. (del latín *fuligo*) color del negro de humo.
N. (from the Latin *fuligo*) smoke black.—(0634)
HOMOGÉNEO:
Adj. (del latín *homogeneus* y éste del griego *homoguenés*, de la Misma raza) color uniforme en su aspecto.
Adj. (from the Latin *homogeneus* from the Greek *homoguenés*, of the same race) a color of uniformed appearance.—(0635)
HORMIGÓN:
(Del latín *forma)* color semejante al de la mezcla utilizada en construcción.
(From the Latin *forma)* color similar to the concrete used in construction.—(0636)

HERRUMBRE, HERRUMBRADO, HERRUMBROSO:
(Del latín vulgar *férrigo*) color óxido de hierro, o que se acerca a él.
(From the vulgar Latin *férrigo*) the color of iron oxide, or similar to it.—(0637)

HORRENDO, HORRIBLE, HORROROSO:
Adj. (del latín *horridus*) que causa horror
Adj. (from the Latin *horridus*) that causes horror.—(0638)

HOSCO:
(Del latín *fuscus*, de color pardo oscuro) 1. S. se aplica al color moreno muy oscuro. // 2. Adj. colores asperosy rechazantes sin ser totalmente inarmónicos.
(From the Latin *fuscus*, dark brown) 1. N. Applies to a very dark brown. // 2. Adj. harsh and rejecting colors without being totally inharmonious.—(0639)

HUESO:
(Del latín *ossum*) color blanco amarillento, semejante al de los huesos secos.
(From the Latin *ossum*) yellowish-white color similar to dry bones.—(0640)

HUERO:
S. Blanco.
N. White.—(0641)

HUEVO:
S. (del latín *ovum*) color amarillo oro, semejante al de la yema de huevo.
N. (from the Latin *ovum*) yellow gold, similar to the yolk.—(0642)

HUINCA:
S. (del mapuche *pu-inka*: los extranjeros) individuo de tez blanca.
N. (from the mapuche *pu-inka*: the foreigners) white-skinned person.—(0643)

HULLA:
S. (del bajo latín *hullae*) color negro semejante al del carbón fósil.
N. (from the low Latin *hullae*) black color similar to fossil carbon.—(0644)

HUMEDAD:

S. (del latín *humiditas*) color verde grisáceo semejante al verde penicilina.
N. (from the Latin *humiditas*) grayish green similar to the penicillin green.–(0645)

HUMO:

(Del latín *fumus*) color gris cálido.
(From the Latin *fumus*) a warm gray.–(0646)

I

ICEBERG:

(Voz inglesa, *montaña de hielo*) color blanco azulado.

(It is a partial loan translation from Dutch *ijsberg*, literally meaning *ice mountain*). It is a white-bluish color.—(0647)

ICTERICO:

Adj. (del latín *ictericus* y éste del griego *ikterikós*, de íkteros, amarillez) color con tendencia al amarillo grisáceo semejante al tono de la piel ante un derrame biliar.

Adj. (It comes from Latin *ictericus*, which comes from the Greek *ikterikós*, íkteros meaning yellowness) It is a color that tends to a grayish-yellow color similar to the skin tone when there is an obstruction of the bile duct of the liver.—(0648)

IDÉNTICO:

Adj. (del bajo latín *idénticus*, voz usada por los escolásticos) relación comparativa igualitaria en una o más de las dimensiones del tono cromático: color, valor, saturación, temperatura.

Adj. (It comes from Low Latin *idénticus*, which was used by Scholastic society) It is an equal comparative relationship between one or more dimensions of the chromatic tone: color, value, saturation and temperature.—(0649)

IDÍLICO:

Adj. (Del latín *idyllium*) color o conjunto de colores que remontan a la ensoñación.

Adj. (It comes from Latin *idyllium*) A color or a set of colors that can make someone to daydream.—(0650)

ÍGNEO:

Adj. (del latín *igneus*, de *ignis*, fuego) color semejante a las tonalidades cálidas del fuego, o que da sensación de incandescente.

Adj. (It comes from Latin *igneus*, *ignis*, which means fire) It has a similar color to the warm tonalities of fire; it gives an incandescent feeling.—(0651)

ILUSIÓN:

S. (del latín *illusio*) color celeste de ultramar muy claro.

N. (It comes from Latin *illusio*) It a very light ultramarine-blue color.—(0652)

IMPACTANTE:

Adj. (del latín *impactus*, impacto). 1. Son llamados impactantes los colores excéntricos o sobresaturados por su efecto pregnante. // 2. un color modifica su característica de impactante según el grado de contraste con el entorno: a mayor contraste, mayor impacto.

Adj. (It comes from Latin *impactus*, which means impact). 1. These colors are called eccentric or oversaturated due to their meaningful effect. // 2. A color modifies the striking characteristic according to the contrast degree with the environment: greater contrast, less impact.—(0653)

IMPECABLE, IMPOLUTO:

Adj. (del latín *impeccabilis*, del prefijo negativo *in* y *pecatus*, falta, pecado; del latín *impollutus*) tonalidad límpida y sin variantes.

Adj. (It comes from Latin *impeccabilis,* formed by negative prefix *in*, and *pecatus,* which means mistake, sin; it comes from Latin *impollutus*) It is a limpid tonality with a lack of variants.—(0654)

IMPERCEPTIBLE:

Adj. color apenas sugerido en la presencia de otro tono.

Adj. It is barely noticed in the presence of another tonality.—(0655)

IMPETUOSO:

Adj. (del latín *impetuosus*) color estimulante de temperatura cálida

Adj. (It comes from Latin *impetuosus*) It is a stimulating and warm-temperature color.—(0656)

IMPRENTA:

S. (colores de) colores básicos en la impresión en cítocromía: Magenta, amarillo, cian y negro de humo.

N. (Printing colors) These are basic colors which are used in four-color-process printing: magenta, yellow, cyan and lampblack.—(0657)

IMPRESIONISTA:

Adj. colores empleados en la pintura impresionista (fines de 1800). Tienen importancia por su trascendencia cultural (también paleta impresionista) que se extiende hasta bien avanzado el siglo XX. Los impresionistas trabajaban con colores puros en pequeñas pinceladas que luego se percibían en mezcla óptica o partitiva.

Adj. These were colors used in impressionist painting (from the end of the 1800s up to the twentieth century). They were important due to their cultural significance (and also to their impressionist palette). Impressionists used to paint -making a small brush stoke- with pure colors that were noticed in an optical or partitive mixture.—(0658)

IMPURO:

Adj. (Del latín *impurus*) color no saturado.

Adj. (It comes from Latin *impurus*) It is not a saturated color.—(0659)

INACTIVO:

Adj. (De *in*, prefijo negativo latino y *activo*) ver colores pasivos.

Adj. (Formed by the negative Latin prefix *in*, and the word *activo*, which means active) See Colores Pasivos.—(0660)

INALTERABLE:

Adj. color que prácticamente no se modifica ante la acción de algo.

Adj. It is a color that practically does not change before an action of something.—(0661)

INARMÓNICO:

Adj. color o grupo de colores que no responden a la sensación positivamente estética y ordenada, por lo que connotan desagrado en mayor o menor medida.

Adj. It is a color or a set of colors that do not respond to a positive aesthetical and well-organized feeling. They connote displeasure to a greater and less degree.–(0662)

INAUDITO:

Adj. color rechazantemente sorpresivo.

Adj. It is an unexpected and unusual color.–(0663)

INCANDESCENTE, INCENDIADO:

Adj. (del latín *incandescens*) color ígneo.

Adj. (It comes from Latin *incandescens*) It is the color of fire.–(0664)

INCIERTO, INESTABLE:

Adj. (del latín *incertus*) color de origen no definido y de naturaleza perceptual inestable, condicionado a su entorno.

Adj. (It comes from Latin *incertus*) It is a color that does not have a well-defined origin. Its nature is unstable and it is determined by the environment.–(0665)

INCINERADO:

Adj. (Del v. latino *incinerare*, de ín, en y *cinis*, ceniza) color de apariencia quemada.

Adj. (It comes from Latin *incinerare*, ín, which means in and *cinis* meaning ash) It has a burnt color appearance.–(0665)

INCISIVO:

Adj. color altamente impactante de apariencia acida.

Adj. It has a shocking and harsh color appearance.–(0666)

INCITANTE:

Adj. color estimulante.

Adj. It is a stimulating color.–(0667)

INCOLORO:

Adj. (del latín *incolor*) que carece de color.

Adj. (It comes from Latin *incolor*) It has lack of color.–(0668)

INCOMPATIBLE:

Adj. color totalmente inarmónico con respecto a otro.

Adj. It is a color that does not harmonize with another color.—(0669)

INCONFUNDIBLE:

Adj. color bien definido perceptualmente.

Adj. It is a well-defined and noticed color.—(0670)

INCONGRUENTE:

Adj. (del latín *incongrueras*) color que no puede relacionarse con otro.

Adj. (It comes from Latin *incongrueras*) It is a color that is not compatible with another color.—(0671)

INCONSISTENTE:

Adj. color evanescente.

Adj. It is an evanescent color.—(0672)

INDEFINIDO:

Adj. (del latín *indefinitus*) color que no puede identificarse, es decir, darle un nombre diferenciador.

Adj. (It comes from Latin *indefinitus*) It is a color that cannot identify itself, that is to say, to give the color a distinctive name.—(0673)

INDELEBLE:

Adj. (del latín *indelebilis*) ver inalterable.

Adj. (It comes from Latin *indelebilis*) See Inalterable.—(0674)

ÍNDIGO:

(Del genovés o el veneciano, del latín *indicus*, de la India, de donde provenía esa sustancia) color azul violáceo. También añil.

(It comes from Genoese or Venetian Language, from Latin *indicus*, from India, where the substance used to come) It is a violet-blue color. It is also a blue color.—(0675)

INDIO:

S. 1. (De índigo) color azul. // 2. (Rojo) rojo de óxido de hierro claro. // 3. (Amarillo) am. cálido ligeramente neutralizado.

N. 1. (From índigo) It is a blue color. // 2. (Red) It is a light iron-oxide-red color. // 3. (Yellow) It is a slightly neutralized-warm yellow.—(0676)

INEXPRESIVO:

Adj. color poco connotativo.

Adj. It is an inexpressive color.–(0677)

INFINITO:

S. (del latín *infinitus*) celeste muy claro semejante a los colores del cielo en el horizonte.

N. (It comes from Latin *infinitus*) It is a very light blue color similar to heaven color when looking at the horizon.–(0678)

INGENUO:

Adj. (del latín *ingenuus*). 1. En moda y decoración, grupo de colores claros y apastelados. // 2. Conjunto de colores puros, algunos apastelados empleados en la paleta de la pintura llamada ingenua.

Adj. (It comes from Latin *ingenuus*). 1. Regarding fashion design and home decorating, it is a group of light and pastel colors. // 2. This a set of pure colors, some of them are pastel colors which are used in the palette of naïve painting.–(0679)

INMACULADO:

Adj. (del latín *immaculatus*) color sin mancha, puro, sobre todo aplicado al color blanco.

Adj. (It comes from Latin *immaculatus*) It is a pure and uniform color with no stains. It is especially applied to white color.–(0680)

INMANENTE:

Adj. (del latín *inmanens*) se dice del color que es inherente a sí mismo aunque pueda diferenciarse de su origen primario, por ejemplo el amarillo, perteneciente al bermellón.

Adj. (It comes from Latin *inmanens*) It is a color that is inherent in itself even though it can stand out because of its primary origin; for example, yellow color belongs to vermillion.–(0681)

INMUNDO:

Adj. (del latín *immundus*) color muy rechazante.

Adj. (It comes from Latin *immundus*) It is a disgusting color.–(0682)

INQUIETANTE:

Adj. color que genera inestabilidad.

Adj. It is a color that creates instability.–(0683)

INSÍPIDO:

Adj. (del latín *insípidus*) color desabrido, poco connotativo.

Adj. (It comes from Latin *insípidus*), it is an insipid color that has a rare connotation.–(0684)

INSOLENTE:

Adj. (del latín *insolens*) colores agresivamente impactantes.

Adj. (It comes from Latin *insolens*) these are aggressively shocking colors.–(0685)

INSÓLITO:

Adj. (del latín *insolitus*) color sorpresivo y extraño.

Adj. (It comes from Latin *insolitus*) It is a surprising and strange color.–(0686)

INSULSO:

Adj. (del latín *insulsus*) sin sabor, sin atractivo.

Adj. (It comes from Latin *insulsus*) It has lack of taste; unattractive color.–(0687)

INTENSO:

Adj. (del latín tardío *intensus*) color saturado.

Adj. (It comes from Late Latin *intensus*) It is a saturated color.–(0688)

INTERESANTE:

Adj. color atractivo.

Adj. It is an attractive color.–(0689)

INTERMEDIO:

Adj. (del latín *intermedius*) se dice del color que está en medio de los extremos o polares de una escala.

Adj. (It comes from Latin *intermedius*) It is a color that is between scale extremes.–(0690)

INTERPOLAR:

Adj. ver intermedio.

Adj. See Intermedio.—(0691)

INTERVALO:

S. (del latín *intervallum*). 1. Espacio o distancia de un tono al otro. // 2. Se llaman del círculo cromático a la sintaxis de armonías en distinto número y proporción numérica entre los colores de éste: por ejemplo, tríadas, complementos, etc.

N. (It comes from Latin *intervallum*). 1. It is the distance between tones. // 2. The chromatic circle refers to the harmony group in different degree and numerical proportion between colors. For example, triads, complements, etc.—(0692)

ÍNTIMOS:

Adj. (Del latín *intimus*, interior). 1. Colores que connotan mundo interior. // 2. Colores en mezcla homogénea. // 3. Colores que se empleaban habitualmente en lencería.

Adj. (It comes from Latin *intimus*, which means interior). 1. These are colors that connote an interior world. // 2. These are colors of a homogenous mixture. // 3. These are colors that are used for lingerie.—(0693)

INTUITIVO:

Adj. en pintura, paleta de colores armónicos no elaborados intelectualmente o sistemáticamente.

Adj. In painting, it is a palette of harmonic colors which are not intellectually or systematically elaborated.—(0694)

INVERNAL:

Adj. (del latín *hibernus*, invernizo) conjunto de colores de la naturaleza en invierno.

Adj. (It comes from Latin *hibernus*, which means invernal) It is a group of winter colors.—(0695)

IRACUNDO:

Adj. (del latín *iracundus*) colores cálidos y/o sobresaturados que connotan agresividad.

Adj. (It comes from Latin *iracundus*) These are warm and/or oversaturated colors that connote aggressiveness.–(0696)

IRIDIADO, IRIDISCENTE:

Adj. (del griego *iris*, el arco iris). 1. Que refleja los colores del iris. // 2. Colores de reflejos luminosos variados por inclusión de mica.

Adj. (It comes from Greek *iris* meaning rainbow). 1. It reflects the colors of the rainbow. // 2. These are colors with bright reflections due to mica inclusion.–(0697)

IRRADIADO:

Adj. (del v. latino *irradiare*) color que parece emanar de las superficies cromáticas invadiendo otras vecinas. También, color relativo.

Adj. (It comes from Latin *irradiare*) It is a color that seems to rise from the chromatic surfaces while invading others. It is also a relative color.–(0698)

IRRITANTE:

Adj. (del v. latino *irritare*) color agresivo e inarmónico, desagradable a la vista.

Adj. (It comes from Latin *irritare*) It is an aggressive and inharmonic color. The color is disgusting.–(0699)

ISOCROMÁTICO:

Adj. (del griego *isos*, igual y *chroma*, color) que tiene el mismo color.

Adj. (It comes from Greek *isos*, equal and *chroma*, color) It has the same color.–(0700)

J

JACARANDA:

Color violeta claro luminoso, semejante al de la flor del árbol de América tropical.

It is a bright and light purple color similar to the flower of the Jacaranda tree, which is found throughout the tropical Americas.–(0701)

JADE:

(Del francés *jáde*, antes *ejade*, y del castellano *piedra de la ijada*, aplicado por los conquistadores de América pues se usaba contra el cólico nefrítico) color semejante al de la piedra dura.

(It comes from French *l'ejade* and Spanish *piedra de la ijada*, from its reputed efficacy in curing ailments of the loins and kidneys) It has a similar color to the hard stone.–(0702)

JALBERGUE:

S. blanqueo de cal o arcilla blanca.

N. It is the whitewashing with calcium oxide (quicklime) and/or pipeclay.–(0703)

JALDE:

S. (del francés antiguo *jalne*, hoy *jaune*, amarillo) color amarillo subido.

N. (It comes from Old French *jalne*, nowadays known as *jaune*, which means yellow) It is a strong yellow color.–(0704)

JARO:

Adj. pelaje rojizo especialmente del cerdo o jabalí.

Adj. It is a reddish fur, especially from the pig or wild boar.—(0705)

JASPE:

(Del latín *iaspis*) color semejante al de la piedra dura.

(It comes from Latin *iaspis*) It has a similar color to the hard stone.—(0706)

JASPEADO:

Adj. se aplica a las mezclas no íntimas a semejanza de algunas variedades de piedra jaspe.

Adj. It refers to a mixture which is similar to some varieties of the jasper stone.—(0707)

JAZMÍN:

(Del árabe *yasamin* y éste del persa *yasimin*) color semejante a la flor de algunas variedades de jazminum officinale.

(It comes from Arabic *yasamin* and from the Persian *yasimin*) It has a similar color to some varieties of the jazminum officinale.—(0708)

JENABE o JENABLE:

S. (del latín *sinabi*) color mostaza.

N. (It comes from Latin *sinabi*) It is a mustard color.—(0709)

JENJIBRE:

(Del latín *gingiberi*) color semejante al centro del rizoma del mismo nombre.

(It comes from Latin *gingiberi*) It has a similar color to the ginger rhizome.—(0710)

JEREZ:

S. color marrón muy claro dorado, semejante al del vino del mismo nombre.

N. It is a very light golden brown color similar to the sherry wine.—(0711)

JHOVÍÜ:

S. en guaraní verdinegro.

N. In Guarani language means dark green.—(0712)

JHÜ:
S. en guaraní negro.
N. In Guarani language means black.—(0713)
JHÜNGUÍ:
S. en guaraní negruzco.
N. In Guarani language means blackish.—(0714)
JHÜRECÓ:
S. en guaraní negrura.
N. In Guarani language means blackness.—(0715)
JIPATO:
Adj. (Americanismo) de tez amarillo pálida.
Adj. (It is a Latin American word) It refers to a pale-yellow complexion.—(0716)
JOVEN:
Adj. (del latín *juvenis*) conjunto de colores de aspecto vital (saturado luminoso) que connotan juventud y suelen ser elegidos por esa generación.
Adj. (It comes from Latin *juvenis*) It is a set of full life colors -bright saturated colors- that connote youth, and generally they are used by young people.—(0717)
JOVIAL:
Adj. (del latín *jovialis*) colores de connotación alegre.
Adj. (It comes from Latin *jovialis*) These are colors that have a cheerful connotation.—(0718)
JOVY:
S. en guaraní azul (se pronuncia ovoe).
N. In Guarani Language means blue (It is pronounced ovoe).—(0719)
JOVYMIMBÍ:
S. en guarani bien azul.
N. In Guarani Language means strong blue.—(0720)
JOYA:
Adj. (del francés antiguo *joie*, derivado de *joiel* y éste del latín vulgar *iocale*, pendiente) figura lingüística popular atribuida a un color en situación de carácter superior.

Adj. (It comes from Old French *joie*, which comes from *joiel* and from Vulgar Latin *iocale* meaning earring). It is a linguistic and popular figure which is believed to be a superior color.—(0721)

JU:

S. en guaraní negro.

N. In Guarani Language means black.—(0722)

JUBILOSO:

Adj. (del latín *jíbilum*, júbilo) color de connotación alegre.

Adj. (It comes from Latin *jíbilum*, which means joy) It refers to a color that has a cheerful connotation.—(0723)

JUGOSO:

Adj. (del latín *succosus*) en artes visuales se aplica al color exento de sequedad en su masa o en su aspecto.

Adj. (It comes from Latin *succosus*) Regarding Visual Arts, it refers to a color that is free from dryness.—(0724)

JUNCO:

(Del latín *juncus*) color semejante al de los tallos secos de la planta herbácea.

(It comes from Latin *juncus*) It has a similar color to the dry stalks of the herbaceous plant.—(0725)

JURA:

En quichua, blanco (se pronuncia iura)

In Quechua Language means white (It is pronounced iura).—(0726)

JUSTO:

Adj. (del latín *justus*) color exacto para lo que se tenía destinado

Adj. (It comes from Latin *justus*) It is the right color to use.—(0727)

JUVENIL:

Adj. (del latín *juvenilis*) color elegido por las personas jóvenes para vestirse.

Adj. (It comes from Latin *juvenilis*) It is a color chosen for clothes by young people.—(0728)

KALTELK:
Del tehuelche, azulado.
From tehuelche, bluish.—(0728ª)
KAKI:
Color naranja rojizo semejante al del fruto del árbol del mismo nombre.
It is the orange-reddish color similar to the fruit of the kaki tree.—(0729)
KAPENKE:
En tehuelche, rojo.
From tehuelche, red.—(0729ª)
KHELLU:
S. en quechua santiagueño, amarillo.
In Quechua from Santiago del Estero means yellow.—(0730)
KHELLUNI:
V. en quechua santiagueño, amarillear.
V. In Quechua from Santiago del Estero means to yellow.—(0731)
KHOMER:
S. en quichua santiagueño, verde.
N. In Quechua from Santiago del Estero means green.—(0732)

KHORI:

S. en quichua santiagueño, oro.

N. In Quechua from Santiago del Estero means gold.–(0733)

KINOTO:

Color amarillo anaranjado, semejante al del fruto del Kumquat.

It is the orangey-yellow color similar to the fruit of the kumquat tree.–(0734)

KIWI:

Color semejante a la pulpa del fruto de la planta híbrida.

It has a similar color to pulp of the fruit of the hybrid plant.–(0735)

L

LACA:

(Del árabe *lakka* y éste a través del persa, del sánscrito *laksa*) color encarnado traslúcido semejante a la resina producida por ciertos árboles de la India ante la agresión de insectos semejantes a la cochinilla y que se usa en recubrimientos de objetos especialmente en China y Japón.

(It comes from Arabic *lakka*, from Persian *lak*, and Sanskrit *laksa*) It is a translucent red color similar to the resin produced by certain trees from India due to the aggression of insects, such as the woodlouse. Lacquer is used to cover objects, especially in China and Japan.–(0736)

LACERANTE:

Adj. color que se percibe como hiriente.

Adj. It is a color that is wrenching.–(0737)

LACRE:

(Del portugués, *lacre* y éste del malayo *laksi)* color rojo semejante al de la pasta selladora.

(It comes from Portuguese *lacre,* and this word comes from Malay *laksi)* It is a red color similar to sealing wax.–(0738)

LACTEO:

Adj. (del latín *lácteus*, perteneciente a la leche) color blanquecino.

Adj. (It comes from Latin *lácteus*; the term is used when referring to milk). It is a whitish color.–(0739)

LADRILLO:

(Dim. romance del latín *later*, tal vez del portugués l*adrilho*) color semejante al del ladrillo de arcilla.

(It comes from Latin *later*, and perhaps from Portuguese l*adrilho*) It is a color similar to the clay brick.–(0740)

LAMA:

S. (del latín *lama*) color oscuro semejante al del cieno blando.

N. (It comes from Latin *lama*) It is a dark color similar to soft mud.–(0741)

LAME:

S. (del francés *lamí*, laminado) color dorado o plateado emergente entre otros, de una superficie.

N. (It comes from French *lamí* meaning laminated) It is a golden or silver color which emerges amongst others from a surface.–(0742)

LAMENTABLE:

Adj. peyorativo (del latín *lamentabilis*) aplicado a un color como muy malo.

Derogatory adj. (It comes from Latin *lamentabilis*) If applied to a color, it can be seen as terrible.–(0743)

LAMÍDO:

Adj. (del latín *lamberé*, lamer) colores desaturados de aspecto muy amasados.

Adj. (It comes from Latin *lamberé* meaning to lick) Desaturated colors which present a mixing aspect.–(0744)

LAMINAR:

Adj. color film.

Adj. It is a film color.–(0745)

LANGOSTA:

S. (del latín *locusta*). 1. Color rojizo semejante al de la langosta de mar (langostino más oscuro). // 2. Color verde claro semejante al del saltamontes.

N. (It comes from Latin *locusta*). 1. It is a reddish color similar to the sea lobster (it is a king prawn of dark appearance). // 2. It is a light green color similar to the grasshopper.—(0746)

LANGOSTINO:

Color semejante al del crustáceo marino.

It is a color similar to the marine crustacean.—(0747)

LÁNGUIDO:

Adj. (del latín *lánguidus*) colores claros y agrisados, poco energéticos.

Adj. (It comes from Latin *lánguidus*) These are light and grayish colors which may have less color energy.—(0748)

LAPISLÁZULI:

(Del italiano *lapislázzuli*, del latín *lápis*, piedra y de una variante persa) color azul semejante al de la piedra. Color azul ultramar.

(It comes from Italian *lapislázzuli*; *lapis* is the Latin for "stone" and *lazuli* is from the Persian) It is a blue color similar to the stone of azure. An ultramarine blue color.—(0749)

LAQUEADO:

Adj. con aspecto a laca.

Adj. It has a lacquering effect.—(0750)

LASTIMOSO:

Adj. color de aspecto pobre, que da pena.

Adj. It is a color of poor appearance; it is a pitiful color.—(0751)

LATENTE:

S. (del latín *lateus*) ver inmanente.

N. (It comes from Latin) see Inmanente.—(0752)

LATÓN:

(Del árabe *látún*) color semejante a la aleación de cobre y zinc.

(It comes from Arabic *látún*) It is a color similar to the copper and zinc alloy.—(0753)

LAUREL:

(Tomado del occ. Ant. *laurier* por *laur* y éste del latín *laurus*) color verde oscuro semejante al de las hojas de dicho árbol.

(It comes from Old French *laurier* and from Latin *laurus*) It has a dark green color similar to the leaves of laurel tree.—(0754)

LAVADO:

Adj. (del v. latino *lavare*) color desleído, translucido.Que ha perdido saturación y brillo.

Adj. (It comes from Latin *lavare*) It is a diluted and translucent color.—(0755)

LAVANDA:

S. alhucema.

N. Lavender.—(0756)

LAZULITA:

S. lapislázuli.

N. Lapis lazuli.—(0757)

LEBRUNO:

(Del latín *lepus*) color semejante al del pelaje de la liebre.

(It comes from Latin *lepus*) It has a similar color to the fur of the hares.—(0758)

LECHE:

S. (del latín vulgar *lacte*, del latín clásico *lac*) color blanco con tendencia al amarillento grisáceo semejante a la leche.

N. (It comes from Vulgar Latin *lacte*, and from Classic Latin *lac*) It is a white color tending to a grayish yellowish color which is similar to milk.—(0759)

LECHOSO:

Adj. (del latín *lactosus*) color de apariencia blanquecina.

Adj. (It comes from Latin *lactosus*) It is a color of whitish appearance.—(0760)

LECHUGA:

(Del latín *lactuca*) color verde semejante al de las hojas de la planta herbácea.

(It comes from Latin *lactuca*) It is a green color similar to leaves of the herbaceous plant.—(0761)

LENGUAJE:

S. (del occitano ant. *lengatge*) (L. del color) connotaciones de diversas características, generalmente afectivas en su mayoría que emanan de la percepción de un color o conjunto de colores.

N. (It comes from Old French *lengatge*) (The color of language) Connotations of different color words which come from the perception of a color or a set of colors. These are mostly connotations of sensitive nature.—(0762)

LENTEJA:

(Del latín *lentícula*) color pardo semejante al de la semilla de la planta Leguminosa.

(It comes from Latin *lentícula*) It has a brown color similar to the seed of the leguminous plant.—(0763)

LEPROSOS:

En fútbol, camiseta roja y negra, identificatoria del club Newell's Old Boys.

Regarding Argentine football, the team colors of Newell's Old Boys are black and red. The team is often referred to as lepers because they played in a charity match to raise funds for a leprosy clinic back in the 1920s.—(0764)

LEÓN, LEONADO:

(Del latín *leo*) color semejante al del pelaje del mamífero africano. 1. Color con tendencia al del león. // 2. Color del Río de La Plata.

(It comes from Latin *leo*) It has a similar color to the fur of African mammal. 1. It is a color tending to the color of lion. // 2. It is also considered the color of the River Plate from Buenos Aires.—(0765)

LIGNITO:

S. (del latin *lignum*, leño) color negro semejante al del carbón fósil.

N. (It comes from Latin *lignum* meaning wood) It is a black color similar to the fossil coal.—(0766)

LILA, LILACEO:

Color semejante al de la flor de la planta de lila.

It has a similar color to the flower of lilac plant.—(0767)

LIMA:
Color amarillo verdoso semejante al del fruto cítrico.
It has a greenish yellow color similar to the citrus fruit.—(0768)
LIMO:
S. (del latín *limus*) color de tierra verde, por analogía con la tonalidad del barro cenagoso.
N. (It comes from Latin *limus*) It is a green land color similar to the tonality of the boggy mud.—(0769)
LIMÓN:
(Del árabe *laimun*) color amarillo ligeramente verdoso claro, semejante al de la corteza del fruto del limonero.
(It comes from Arabic *laimun*) It is a yellow but with a slightly light greenish color similar to peel of lemon fruit.—(0770)
LÍMPIDO, LIMPIO:
Adj. (del latín *límpidus*) de aspecto terso y translúcido, sin imperfecciones.
Adj. (It comes from Latin *límpidus*) It has a polished and translucent appearance; it is a color that does not have imperfections.—(0771)
LINDO:
Adj. (del latín *legítimus,* completo, perfecto) agradable a la vista.
Adj. (It comes from Latin word *legítimus* which means complete, perfect) It is pleasant to see.—(0772)
LINO:
(Del latín *linum*) color celeste semejante al de la flor de la planta herbácea.
(It comes from Latin *linum*) It is a light blue color similar to flower of the herbaceous plant.—(0773)
LIQUEN:
Color gris verdoso ligeramente azulado, semejante al de la planta criptógama.
It is a greenish gray, but slightly bluish color similar to the color of the cryptogam plant.—(0774)

LÍRICO:

Adj. (del latín *lyricus*) color o grupo de colores de connotación poética o melódica.

Adj. (It comes from Latin *lyricus*) A color or a set of colors which have a connotation of poetry or melody.—(0775)

LITARGIRIO:

(Del latín *lithargyrum* y éste del griego *lithárgyros*, de *lithos*, piedra y *argyros*, plata) color del protóxido de plomo amarillo algo rojizo claro.

(It comes from Latin *lithargyrum*, and this word comes from *lithárgyros*, *lithos*, stone and *argyros*, silver) It is the color of lead protoxide, which is a slightly light reddish yellow color.—(0776)

LITOPÓN:

S. color blanco.

N. A white color.—(0777)

LITÚRGICO:

Adj. (del latín *liturgia* y del griego *leitourgia*, función o servicio público). En 1200 el Papa Inocencio III oficializó dentro del cristianismo los cinco colores litúrgicos: blanco, rojo, verde, violeta y negro.

Adj. (It comes from Latin *liturgia* and Greek *leitourgia*, which means a public duty, a service to the state undertaken by a citizen) In 1200, the Pope Inocencio III made official within Christianism five liturgical colors: white, red, green, violet and black.—(0778)

LIVIANO:

Adj. (del latín *levianus*) etéreo.

Adj. (It comes from Latin *levianus*) Ethereal.—(0779)

LÍVIDO:

Adj. (del latín *lívidus*) de tez pálida, azulada.

Adj. (It comes from Latin *lívidus*) A pale and bluish complexion.—(0780)

LIVOR:

S. (del latín *livor*) color cárdeno.

N. (It comes from Latin *livor*) It is a purple color.—(0781)

LLAMA:

(Voz quechua) color pardo rojizo semejante al pelaje del mamífero rumiante.

(It comes from Quechua Language) It is a reddish brown color similar to the fur of ruminant mammal.—(0782)

LLAMATIVO:

Adj. color atractivo.

Adj. It is an attractive color.—(0783)

LLULLU:

En quechua santiagueño, verdín.

In Quechua from Santiago del Estero means dark green color.—(0784)

LÓBREGO:

Adj. (del latín *lubricus*, resbaloso, engañoso, de ahí parece pasar a tenebroso, triste) color oscuro tenebroso, triste.

Adj. (It comes from Latin *lubricus*, which means slippery, deceitful; it can also mean gloomy, sad) It is a gloomy and sad dark color.—(0785)

LOBUNO:

Adj. (del latín *lupus*) se dice del color del pelaje del caballo parecido al del lobo.

Adj. (It comes from Latin *lupus*) It is said to be the color of the horse fur similar to the wolf fur.—(0786)

LOCO:

Adj. color original en su elección ante determinado uso.

Adj. It is an original color when is selected for a special use.—(0787)

LODO:

(Del latín *lutum*) ver barro.

(It comes from Latin *lutum*) See barro.—(0788)

LOGRADO:

Adj. (del latín *lucrare*, ganar) en pintura, color que ha alcanzado su objetivo estético.

Adj. (It comes from Latin *lucrare*, to achieve) Regarding painting, it is a color that has reached its aesthetic objective.—(0789)

LORO:

S. 1. (Verde loro) (Voz caribe *roro*, nombre del ave). // 2. (Del latín *laurus*, laurel) de color amulatado o que tira a negro.

N. 1. (Green parrot color) (It comes from Caribbean word *roro*, which is the name of the bird). // 2. (It comes from Latin *laurus*, laurel) It has a mixture of white and black colors.–(0790)

LUCIENTE:

Adj. (del latín *lucens*) que luce.

Adj. (It comes from Latin *lucens*) It is a color that looks good with another color.–(0791)

LÚGUBRE:

Adj. (del latín *lugubris*) color muy triste.

Adj. (It comes from Latin *lugubris*) It is a very sad color.–(0792)

LUMINOSO:

Adj. (del latín *luminosus*) que despide luz.

Adj. (It comes from Latin *luminosus*) It is a color that emits light.–(0793)

LUMINISCENTE:

Adj. (del latín *lumen*) se aplica a los colores que tienen luminiscencia (fluorescencia, fosforescencia, etc.)

Adj. (It comes from Latin *lumen*) It is applied to color that has luminescence properties (fluorescence, phosphorescence, etc.).–(0794)

LUSTROSO:

Adj. que tiene brillo.

Adj. A shining color.–(0795)

LUTO:

S. (del latín *luctus*, de *lugere*, llorar) color negro que significa duelo en la cultura occidental, junto con el violeta.

N. (It comes from Latin *luctus*, *lugere*, which means to cry) It is a dark color which has a mourning meaning in the Occidental culture. Violet color also has same meaning.–(0796)

LUZ:

S. (del latín *lux*) se denominan color luz aquellos colores de síntesis aditiva.

N. (It comes from Latin *lux*) Light colors are those colors of additive synthesis.–(0797)

MACETA:

(Del italiano *mazzetto*, ramo de flores) color semejante al de la terracota.

(It comes from Italian *mazzetto* meaning a bunch of flowers) It has a similar color to terracotta.—(0798)

MACILENTO:

Adj. (del latín *macilentus*) descolorido, triste.

Adj. (It comes from Latin *macilentus*) It is a lifeless and sad color.—(0799)

MACUITO:

(Peruanismo) de color negro.

(Peruanism) Black color.—(0800)

MADERA:

(Del latín *materia*) color pardo claro semejante al de la madera.

(It comes from Latin *materia*) It is a light brownish color similar to the wood color.—(0801)

MADREPERLA:

S. color gris nácar.

N. Mother-of-pearl gray color.—(0802)

MAGENTA:

(Población de Italia) también fucsina, color primario del sistema cromático generativo sustractivo y secundario de la mezcla aditiva.

(Battle of Magenta in Italy, the word comes from the color of the land all covered by the blood) It is commonly called fuchsine. It is the primary color of the generative and subtractive chromatic system and secondary of the additive mixture.—(0803)

MAÍZ:

(Del taino de Haití, aparece en el diario de Colores) color amarillo semejante al de los granos del fruto de la graminácea.

(The term comes from Indigenous Taino language from Haití, which appears in the list of colors) It has a yellow color similar to grains of the maize.—(0804)

MAJESTUOSO:

Adj. (del latín *majestas*, que tiene majestad) color sublime.

Adj. (It comes from Latin *majestas*, he/she who is majesty) It is a sublime color.—(0805)

MAKOTENK:

En tehuelche, azul.

From tehuelche, blue.—(0805ª)

MALAQUITA:

(Del latín *malachites*) color verde del carbonato hidratado de cobre natural.

(It comes from Latin *malachites*) It is the green color of hydrated carbonate of natural copper.—(0806)

MALTEADO:

Adj. (del inglés *malt*) color dorado oscuro.

Adj. (It comes from English *malt*) It is a brown golden color.—(0807)

MALVA:

(Del latín *malva*) color semejante al de las flores de la planta herbácea que contienen un colorante llamado *malvida*.

(It comes from Latin *malva*) It has a similar color to the flowers of the herbaceous plant which contains a dye called *malvida*.—(0808)

MAMÓN:

S. color semejante al de la pulpa del fruto del árbol de la familia de las sapindáceas (América Tropical).

N. It has a similar color to the pulp of the fruit of the tree from the Sapindaceae family (Tropical America).—(0809)

MANDARINA:

(Nombre vulgar del *citrus nobilis* en alusión al traje del mandarín) color semejante al de la corteza del fruto de la planta originaria de China.

(Vulgar name for *citrus nobilis* in allusion to Mandarin dress) It has a similar color to the skin of the tangerine, which was introduced from China.—(0810)

MANTECA:

(Del latín *mantica*, saco o alforja) color semejante al de la pasta conseguida por batimiento de la crema de leche.

(It comes from Latin *mantica*, saddlebag) It has a similar color to the emulsion obtained by agitating cream.—(0811)

MANZANA:

(Del latín *mala matiana*, variedad así llamada por Gaius Marius, tratadista de agricultura ant siglo 1) - (verde manzana). 1. Color semejante al de la cascara del fruto de la manzana verde. // 2. Genérico, color rojo.

(It comes from Latin *mala matiana*, variety called by Gaius Marius, agricultural treatise-writer 1 BC) (Green apple). 1. It has a similar color to the skin of the green apple. // 2. Generic, red color.—(0812)

MAR:

(Del latín *mare*) (verde mar) color semejante al que aparenta la masa de agua salada que rodea la tierra.

(It comes from Latin *mare*) (Sea green) It has a similar color to the salt water that surrounds the Earth.—(0813)

MARAVILLOSO:

Adj. (del latín *mirabilis*) color de apariencia extraordinaria.

Adj. (It comes from Latin *mirabilis*) It is an extraordinary-looking color.—(0814)

MARCHITO:

Adj. (del latín *marcidus*) colores agrisados, amarillentos, de aspecto desaturado y poco energéticos.

Adj. (It comes from Latin *marcidus*) Yellow and grayish colors with desaturated and faded aspect.–(0815)

MAREADO:

Adj. se dice de los colores no uniformes como el movimiento del mar.

Adj. These are non-uniform color like the movement of the sea.–(0816)

MARFIL:

(Del árabe *alm-alfil*, por *azin al-fíl*, hueso del elefante). 1. Color blanco amarillento semejante al del colmillo del elefante. // 2. (Blanco m.) color blanco con tendencia al del color marfil.

(It comes from Arabic alm-*alfil*, *azin al-fíl*, elephant ivory) 1. It is the yellowish white color similar to the elephant ivory. // 2. (White ivory) It is a white color leading to an ivory color.–(0817)

MARINO:

S. (del latín *marinus*) azul marino.

N. (It comes from Latin *marinus*) Navy blue.–(0818)

MARMOL:

S. (del latín *marmor*) color blanco lechoso semejante al de la piedra caliza proveniente de Carrara, Italia.

N. (It comes from Latin *marmor*) It is a milky white color similar to the limestone from Carrara, Italy.–(0819)

MARRÓN:

(Galicismo por castaño) color semejante al fruto de la castaña.

(Gallicism for brown) It has a similar color to the chestnut fruit.–(0820)

MASICOTE:

S. óxido de plomo, amarillo litargirio oscuro.

N. Massicot, dark yellow lead oxide.–(0821)

MATE:

(Del quichua *máti*, calabacita). 1. Color verde semejante al de la infusión de *ilex paraguariensis*, realizada en una calabaza. // 2. Adj. (Del francés *mat*, marchito, abatido) sin brillo.

(It comes from Quechua Language *máti*, small calabash). 1. It is a green color similar to the infusion of *ilex* paraguariensis, which is served in a calabash gourd. // 2. Adj. (It comes from French *mat*, faded, muted) It is a dull color.–(0822)

MATIZ:

1. Cada gradación de un color que no pierde su identidad. 2. Desaturación de un color hacia el negro.

1. Every gradation of a color which does not lose its identity. // 2. It is the desaturation of a color towards black.–(0823)

MATIZADO:

Adj. (del bajo latín *amatizare*) color que varía en su superficie en diversas gradaciones de sí mismo.

(It comes from Low Latin *amatizare*) It is a color that varies on its surface in different shades of itself.–(0824)

MAYA:

Color rojo de hierro.

Iron red color.–(0825)

MAYONESA:

(Del francés *mayonnaise*, salsa mahonesa, de Mahon, ciudad de Menorca, España) color semejante al de la salsa cruda de yema y aceite.

(It comes from French *mayonnaise*, mayonnaise sauce from Mahon, city of Menorca in Spain).It is a similar color to the raw egg yolks and oil.–(0826)

MAZAMORRA:

S. color blanco cálido, semejante al de la comida criolla.

N. It is a warm white color similar to the maized-based Latin America food.–(0827)

MBOJHVÍ:

En guaraní, azular.

In Guarani language means to blue.–(0828)

MÉDANO:

S. (del hispano latino *metulum*, de *métula*, dim.de *meta*, mojón) también color duna.

N. (It comes from Hispanic Latin *metulum, métula,* diminutive of *meta,* milestone) Also known as sand dune color.—(0829)

MEDIANO:

Adj. (del latín *medianus*, del medio) tonalidades intermedias y definidas que no tienden hacia otro color.

Adj. (It comes from Latin *medianus*, in the middle) It is an intermediate and definite tonality that does not turn into another color.—(0830)

MEJICANO:

(De Méjico) (rosa mejicano) color magenta claro.

(From Mexico) (Mexican pink) It is a light magenta color.—(0831)

MELANCÓLICO:

Adj. (del latín *melanchólicus* y éste del griego *melagcholikós*) colores que connotan tristeza.

Adj. (It comes from Latin *melanchólicus*, which derives from Greek *melagcholikós*) It is a color to connote sadness.—(0832)

MELANGÉ:

S. (del francés *melangé*, mezcla) color claro entremezclado con el mismo tono ligeramente más oscuro.

N. (It comes from French *melangé*, mixture) It is a light color intermingled with the same slightly darker tone.—(0833)

MELANINA:

S. (del griego *melas*, negro) pigmento de las células epiteliales.

N. (It comes from Greek *melas*, black) It is the pigment of the epithelial cells.—(0834)

MELAZA:

S. (despectivo de miel) color pardo oscuro semejante al residuo de la cristalización del azúcar de caña o remolacha.

N. (Derogatory of the word honey) It is a dark brownish color similar to the residue of the sugar cane/beet crystallization process.—(0835)

MELOCOTÓN:

S. (del latín *malum colonium*) ver durazno.

N. (It comes from Latin *malum colonium*) See durazno.—(0836)

MELÓN:

S. (del latín tardío *meló*) colores semejantes a la pulpa o corteza de la cucurbitácea. 1. (Amarillo melón) color amarillo semejante al amarillo mediano. // 2. (Verde melón) color verde amarillento ligeramente desaturado con blanco. // 3. (Rosa melón) color rosado claro de bermellón.

N. (It comes from Late Latin *meló*) It is a similar color to the pulp or skin of the Cucurbitaceae plant. 1. (Yellow melon) It is a yellow color similar to medium yellow color. // 2. (Green melon) It is a lightly yellowish green color desaturated with white. // 3. (Pink melon) It is a light pink vermilion color.—(0837)

MELOSO:

Adj. (Del latín *mellosus*)

Adj. (It comes from Latin *mellosus*).—(0838)

MEMBRILLO:

(Del latín *melimelum*) color semejante al de la pulpa del membrillo cocida con azúcar.

(It comes from Latin *melimelum*) It is a similar color to the pulp of the quince cooked with sugar.—(0839)

MENJUNGE:

S. (del árabe *mamzug*, mezclado) denominación peyorativa para colores mal combinados o color no definido.

(It comes from Arabic *mamzug*, mixed) It is a derogatory term for mismatched colors or for a not defined color.—(0840)

MENTA:

(Del latín *menta*) color verde oscuro semejante al de las hojas de la planta herbácea.

(It comes from Latin *menta*) It is a dark green similar to the leaves of the herbaceous plant.—(0841)

MERENGUE:

S. (del francés *meringue*). Color blanco ligeramente agrisado y cálido semejante al del batido de clara de huevo cocida.

N. (It comes from French *meringue*). It is a slightly grayish-white color similar to whipped egg whites.—(0842)

MESTIZO:

S. (del latín tardío *mixticius*, de *mixtus*, mezclado) se dice del color de la tez de la persona hija de padres de diferente raza.

N. (It comes from Late Latin *mixticius*, *mixtus*, mixed) The skin color of a person with one white parent and one black parent.—(0843)

METÁLICO:

Adj. (del latín *metallicus,* metal) color semejante al de algún metal.

Adj. (It comes from Latin *metallicus*, metal) It has a similar color to any metal.—(0844)

METALIZADO:

Adj. color que en su aspecto tiene reflejos metálicos.

Adj. It is a color that has a metallic appearance.—(0845)

METAMÉRICO:

Adj. (del griego *metámeros*, segmento) variación visible del color según el diferente origen de la fuente de iluminación.

Adj. (It comes from Greek *metámeros*, which means segment) It is a visible color change according to the light emitted or reflected by a color sample at every visible wavelength.—(0846)

METILENO:

S. (azul de metileno) cloruro. Colorante azul semejante al pigmento de azul de talocianine.

N. (Methylene Blue) It is a Chloride. It is a blue dye similar to the ftalo blue.—(0847)

MEZCLA:

S. (del latín *mixtio*) en color, aditiva, íntima, iridiscente, óptica, partitiva, sustractiva, vibratoria.

N. (It comes from Latin *mixtio*) Color, additive, intimate, iridescent, optic, partitive, subtractive, vibratory mixture.—(0848)

MEZCLADO:

Adj. color no puro, que tiene mezcla.

Adj. It is a not pure color, which has the properties to be mixed.—(0849)

MIEL:

(Del latín *mel*) color semejante al de la sustancia elaborada por las abejas.

(It comes from Latin *mel*) It has a similar color to the substance made by bees.—(0850)

MIERDA:

S. (del latín *merda*) despectivo. Color semejante al de los excrementos.

N. (It comes from Latin *merda*) derogatory word. It has a similar color to excrement color.—(0851)

MILITAR:

S. (del latín *militaris*) color perteneciente o relativo a la milicia. 1. (Marrón militar) semejante al militar africano. // 2. (Verde militar) verde aceituna apagado.

N. (It comes from Latin *militaris*) It is the color related to the military service. 1. (Military brown) Similar to African military color. // 2. (Military green) It is a lifeless green-olive color.—(0852)

MILLÁN:

En araucano, dorado.

In Araucano language means golden.—(0853)

MIMBRE:

(Del ant. *vimbre* y éste del latín *vimen*) color semejante al entretejido de las varillas de la planta del mismo nombre.

(It comes from its antonym *vimbre*, which derives from Latin *vimen*) It has a similar color to the twigs of the plant.—(0854)

MIMÉTICO:

Adj. (del griego *mimetís*, imitador). 1. Color no demasiado definido que parece variar según su entorno. // 2. Color variable en algunas especies vivas de acuerdo al entorno o la época del año que lo disimula de los depredadores.

Adj. (It comes from Greek *mimetís*, mimic). 1. It is a not well-defined color that seems to vary according to its environment. // 2. It is a changeable color in some living species according to the environment or the time of the year in order to protect themselves from predators.—(0855)

MINIO:
S. (del latín *minium*, bermellón) rojo naranja de óxido de plomo
N. (It comes from Latin *minium*, vermilion) It is an orange-red massicot.—(0856)
MITIGADO:
Adj. (del latín *mitigare*, *mitis*, apacible y *agere*, hacer) color desaturado, apagado.
Adj. (It comes from Latin *mitigare*, *mitis*, calm and *agere*, to do) It is a desaturated and lifeless color.—(0857)
MIXTO:
Adj. (del latín *mixtus*) presencia de dos colores.
Adj. (It comes from Latin *mixtus*) It means a presence of two colors.—(0858)
MIXTURADO:
Adj. (del latín *mixtura*) color mezclado.
Adj. (It comes from Latin *mixtura*) It is a mixed color.—(0859)
MODESTO:
Adj. (del latín modestus) colores no impactantes
Adj. (from Latin *modestus*) These are non-striking colors.—(0860)
MODULADO:
Adj. (del latín *modulatus*) en pintura, manera de trabajar el color en la imagen de forma tal que los volúmenes se perciban a través de la secuencia cromática.
Adj. (It comes from Latin *modulatus*) In paintings, it refers how to work with the image color so that the volume may be noticed through the chromatic sequence.—(0861)
MOHO:
S. (del latín *rnucor*) ver **PENICILINA**.
N. (It comes from Latin *rnucor*) See **PENICILINA**.—(0862)
MOKA:
(De Moka, ciudad de Arabia) color semejante al de la crema obtenida por la mezcla de crema de manteca y café.

(It comes from Moka, which is a city of Arabia) It has a similar color to the cream obtained by mixing butter cream and coffee.—(0863)

MONACAL:

Adj. (del latín *monachalis*) color pardo semejantes al de los hábitos de los monjes.

Adj. (It comes from Latin *monachalis*) It is a brownish color similar to the habit of the monks.—(0864)

MONOCROMO, MONOCROMÍA:

Adj. (del griego *monókromos*) de un sólo color

Adj. (Comes from Greek *monókromos*) of a single color.—(0865)

MONÓTONO:

Adj. (latín *monótunus*) color poco variado o poco estimulante.

Adj. (It comes from Latin *monótunus*) It is a monotonous color, which lacks in variety.—(0866)

MORA:

S. (del latín *morum*) color semejante al del fruto del moral.

N. (It comes from Latin *morum*) It has a similar color to the fruit of the Mulberry tree.—(0867)

MORÁCEO, MORADO:

Adj. (del latín *morus*, el moral) color que tiende al morado, de color entre rojo violáceo oscuro como el zumo de la mora.

Adj. (It comes from Latin *morus*, Mulberry tree) It is a color which turns into a purple color, a dark purple-red color similar to the Mulberry juice.—(0868)

MORCILLA:

S. (del vasco *morcoa*, tripa hinchada) despectivo. Color semejante al de la tripa rellena de sangre cocida y condimentada.

N. (It comes from Basque language *morcoa* meaning bloated tripe) derogatory color. It has a similar color to the gut filled with blood (cooked and seasoned gut).—(0869)

MORDORÉ:

S. (del francés *mordoré*) color morado claro tirando a rojo.

N. (from French *mordoré*) It is a light purple turning into a red color.—(0870)

MOREL DE SAL:

S. morado carmesí empleado en la pintura al fresco.

N. It is a crimson purple color used in fresco painting.—(0871)

MORENO:

Color pardo oscuro.

It is a dark brownish color.—(0872)

MOROCHO:

Adj. (del quichua *muruchu*) en el Río de la Plata, moreno.

Adj. (It comes from Quechua language *muruchu*) In the Río de la Plata means Black.—(0873)

MOROTÍ:

En guaraní, blanco.

In Guarani language means white.—(0874)

MOROTÍ PORÁ:

En guaraní, bien blanco.

In Guarani language means very white.—(0875)

MORRÓN:

(Derivado de *morro*) color rojo semejante al del fruto del pimiento

(It is derived from the word *morro*) It has a similar color to pepper.—(0876)

MORTADELA:

S. (del italiano *mortadella*,y éste del latín *myrtatum*, sazonado con mirto) vulgarismo por muerto, y por fiambre, color cadavérico.

N. (It comes from Italian *mortadella*, which is derived from Latin *myrtatum* meaning seasoned with myrtle), it is a slang word for dead body, cold cut and cadaverous color.—(0877)

MORTUORIO:

Adj. (del latín *mortutis*, muerto) colores de luto o de servicios fúnebres.

Adj. (It comes from Latin *mortutis*, dead). These are mourning or funeral colors.—(0878)

MORUNO:

Adj. Moreno.

Adj. Black.—(0879)

MOSTAZA:

Color semejante al de la harina de las semillas de la planta Crucífera.

It has a similar color to the seeds of the Cruciferous plant (the *mustard* family).—(0880)

MOSTO:

S. (del latín *mustum*) color del zumo de uva.

N. (It comes from Latin *mustum*) It is the color of grape juice.—(0881)

MUÉRDAGO:

(Del latín *mordicus*, mordaz) color verde oscuro semejante al de las hojas de la planta parásita.

(It comes from Latin *mordicus*, sharp) It is a dark green color similar to leaves of the parasitic plant.—(0882)

MUGRE, MUGRIENTO:

S. adj. (del latín *mucor*, moho) despectivo. Color neutro agrisado.

N. adj. (It comes from Latin *mucor*, mold) Derogatory color. It is a grayish neutral color.—(0883)

MULATO:

Adj. (del árabe *muwallad, muladí*, adoptado) de color moreno, aplicado al color de piel. Suele usarse como apodo, como el término negro, o rojo.

Adj. (It comes from Arabic *muwallad, muladí* meaning adopted) Black color applied to skin color. It is often used as a nickname, like black or red.—(0884)

MULTICOLOR:

Adj. de muchos colores.

Adj. Of many colors.—(0885)

MUSGO:

(Del latín *muscus*) color semejante al de la planta criptógama

(It comes from Latin *muscus*) It has a similar color to the Cryptogam plant.—(0886)

MUSTIO:

Adj. color triste, apagado.

Adj. It is a sad and dull color.—(0887)

N

NACARADO, NACARINO:

Del color y brillo del nácar.

It comes from the color and brightness of nacre.—(0888)

NARA:

En guaraní, naranja (hispanismo).

In Guarani language, orange (It is a Hispanicism).—(0889)

NARANJA:

(Del árabe *naranga*) color semejante al de la corteza del fruto del naranjo.

(It comes from the Arabian word *naranga*) It has a similar color to the fruit of the orange tree.—(0890)

NATA:

S. (del latín tardío *matta*, cobertor) color crema claro.

N. (It comes from Late Latin, *matta*, meaning to be concentrated on, to adhere) It is light cream color.—(0891)

NATILLA:

S. color semejante al del postre de yema, leche y azúcar.

N. It has a similar color to the custard dish made with milk, eggs and sugar.—(0892)

NATURAL:
S. (del latín *naturalis*) color llamado también Crudo.
N. (It comes from Latin *naturalis*) It is also referred to as Crudo.–(0893)
NATURALISTA:
Adj. (del latín *natura*, naturaleza) en pintura, colores de la naturaleza.
Adj. (It comes from Latin *natura*, nature) In painting, the colors of nature.–(0894)
NAUSEABUNDO:
Adj. (del latín *nauseabundus*) color muy desagradable.
Adj. (It comes from Latin *nauseabundus*) It is an unpleasant color.–(0895)
NÁUTICO:
Adj. (del latín *nauticus*) (azul n.) color azul marino o también Ultramar oscuro.
Adj (It comes from Latin *nauticus*) (Azul naútico) It is a navy blue or ultramarine blue color.–(0896)
NAVIDEÑO:
Adj. colores simbólicos empleados en la época navideña: verde muérdago, rojo señal y blanco.
Adj. These are Christmas colors: mistletoe green, signal red and white.–(0897)
NEBLINA:
Color semejante al de la niebla luminosa, término empleado en nombre de pinturas para uso ambiental.
It has a similar color to the bright fog. A term used in environmental paintings.–(0898)
NEBULOSO:
Adj. color abundantemente agrisado.
Adj. It is a plentiful grayish color.–(0899)
NEGRITO:
Diminutivo de negro, variedad de éste.
It is the diminutive of black and a variety of this color.–(0900)

NEGRO:
(Del latín *niger*) tono sustractivo de la luz.
(It comes from Latin *niger*) it is a subtractive color of light.–(0901)
NEGRURA:
S. calidad de negro.
N. Blackness.–(0902)
NEGRUZCO:
Adj. un poco negro.
Adj. It is a blackish color.–(0903)
NEMBOSAIYÚ:
En guaraní, ponerse amarillo.
In Guaraní language means to turn yellow.–(0904)
NEÓN:
(Del griego *neos*, nuevo) colores de la luz de este elemento gaseoso. También se les llama así por extensión, a los colores fluorescentes.
(It comes from the Greek word *neos*, new one) These are the colors of the light of gaseous element. Although still referred to as "neon", all other colors are generated with many colors of fluorescent lighting.–(0905)
NERO:
En italiano, negro.
In Italian, black.–(0906)
NEUTRALIZADO, NEUTRO:
S. (del latín *neuter*, ni uno ni otro). 1. Todos aquellos tonos que no son identificables. // 2. Adj. que es neutral. // 3. Que ha sido mezclado con su opuesto u otros tonos y ha perdido saturación y definición.
N. (It comes from Latin *neuter*, neither). 1. Those colors which are not identifiable. // 2. It is an adjective, which means that is neutral. // 3. It was mixed with its contrary or other color and lost its saturation and definition.–(0907)
NEVADO:
Adj. (del latín *nivatus*) efecto producido en los colores de entremezclado de superficie, con blanco.

Adj. (It comes from Latin *nivatus*) It is an effect which is produced in colors because of a mixed up with white.–(0908)

NICOTINA:

(Del francés *nicotine*, por Juan Nicot, embajador francés en Lisboa que introdujo la planta en Francia) color pardo amarillento que deposita el alcaloide.

(It comes from French word *nicotine*. Juan Nicot, French ambassador in Lisbon, introduced the tobacco plant to the French court) It is a yellowish-brown color.–(0909)

NIEBLA:

S. (del latín *nébula*) ver neblina.

N. (It comes from Latin *nébula*) See Neblina.–(0910)

NIEVE:

S. (del latín *nix*) color blanco n. color blanco inmaculado semejante al de la nieve.

N. (It comes from Latin *nix*) Color blanco nieve. It has an immaculate white color similar to snow.–(0911)

NÍQUEL, NIQUELADO:

S. (del alemán *nickel*, abreviatura de *Nilolaus*, despectivo aplicado por los mineros por no proporcionarles cobre). 1. Color gris metálico semejante al de la plata. // 2. Adj. se dice del color de los metales que han sido plateados por este metal.

N. (It comes from German word *nickel*, which is an abbreviation *Nilolaus*. It is a derogatory word used by miners because they were unable to extract any copper from Nickel). 1. It is metal gray color similar to silver. // 2 Adj. It is the color of metals that have been silvered by Nickel.–(0912)

NÍSPERO:

(Del latín *néspilum*) color amarillo rojizo semejante al del fruto del árbol rosáceo. Nombre de fantasía que identifica un color durazno claro amarillento, en pinturas ambientales.

(It comes from Latin *néspilum*) It has a reddish-yellow color similar to the fruit of the medlar tree. It is also a fantasy name of a yellowish light peach color used in environmental paintings.–(0913)

NÍTIDO:
Adj. (del latín *nítidus*) color definido.
Adj. (It comes from Latin *nítidus*) It is a definite color.–(0914)
NIVEO:
S. (del latín *niveus*) blanco, puro.
N. (It comes from Latin *niveus*) It is a white pure color.–(0915)
NOCHE:
S. (del latín *nox*) color azul violáceo oscuro.
N. (It comes from Latin *nox*) It is a dark-violet blue color.–(0916)
NOGAL:
Color oscuro de la madera del nogal.
It is a dark color of the walnut tree.–(0917)
NOGALINA:
S. (Del latín *juglans nux*) color pardo rojizo de la cascara de la nuez, usado para teñir madera imitando el nogal.
N. (It comes from Latin *juglans nux*) It is a reddish-brown color of the shell of the nut. It is used to dye wood to imitate the walnut tree.–(0918)
NOIR:
S. en francés, negro.
N. In French, black.–(0919)
NOLARRAI:
En toba, blanco.
In Toba language, White.–(0920)
NOMEOLVIDES:
Color celeste de la flor de la miosotis.
It is the light blue color of the forget-me-not flower.–(0921)
NOROESTE:
(colores del N.O. Argentino.). 1. Se dice de los colores de la tierra. // 2. Se dice del conjunto de colores de los cerros, que también aparece en el vestuario: blanco, amarillo, naranja, rojo, magenta, cian y verde.

(Colors from the Argentine Northwest). 1. The colors of the land. // 2. Group of colors of the hills and also of clothes: white, yellow, orange, red, magenta, cyan and green.–(0922)

NOSTÁLGICO:

Adj. (del griego *nostos*, regresos y *algos*, dolor) colores melancólicos y del recuerdo.

Adj. (It comes from the Greek words *nostos*, homecoming and *algos*, pain, grief) These are melancholic colors.–(0923)

NOTABLE, NOTORIO:

Adj. (del latín *notábilis*) color evidente o destacado.

Adj. (It comes from Latin *notábilis*) It is a notable or outstanding color.–(0924)

NOVEDOSO:

Adj. (del latín *novitas*, novedad) color nuevo para la estilística o moda del momento. El color de una nueva tendencia.

Adj. (It comes from Latin *novitas*, novelty) It is a new color which is in fashion. It is the color of a new trend.–(0925)

NUBARRÓN:

Color gris violáceo oscuro semejante al de las nubes de tormenta.

It is a dark-violet gray color similar to storm clouds.–(0926)

NUBE:

(Del latín *nubes*) 1. Color gris claro azulado semejante al de las nubes en día claro. // 2. En pintura ambiental, un celeste muy claro.

(It comes from Latin *nubes*) 1. It is bluish light gray color similar to clouds in a sunny day. // 2. In environmental painting, it is a very light blue.–(0927)

NUBLADO:

Adj. (del latín *nubilus*) color difuminado.

(It comes from Latin *nubilus*) It is a blurred color.–(0928)

NUEVO:

Adj. (del latín *novus*). 1. Conjunto de colores novedosos. // 2. (Verde nuevo), color verde amarillento luminoso.

Adj. (It comes from Latin *novus*). 1. Group of new colors. // 2. (Verde nuevo), It is a yellowish green color.–(0929)

NUEZ:

(Del latín *nux*) color semejante al de la pupa de la semilla del fruto del nogal.

(It comes from Latin *nux*) It has a similar color to the fruit of walnut tree.–(0930)

NUTRIA:

S. (del latín *lutra*) color semejante al de la piel del animal roedor sudamericano.

N. (It comes from Latin *lutra*) It has a similar color to the skin of the South American rodent.–(0931)

ÑANDÚ:

(Voz guaraní documentada como tal en el año 1640) color gris semejante al del plumaje del avestruz americano.

(From Guarani language, 1640) It is a color gray similar to the plumage of the ostrich.—(0932)

ÑANDUBAY:

S. color rojizo semejante al de la madera del árbol mimosáceo.

N. It is a reddish color similar to the wood of the flowering tree.—(0933)

OBISPO:

(Del latín *episcopus* y éste del griego *episkopos*, guardián) color violáceo simbólico de la dignidad sacerdotal.

Symbolic Violet of the priesthood dignity.—(0934)

OBSIDIANA:

(Del latín *obsidianus*) color verde muy oscuro semejante al del mineral volcánico.

Very dark green color, similar at the volcanic mineral.—(0935)

OCASO:

S. (del latín *occasus*) colores de la caída del sol.

Colors of the sunset.—(0936)

OCÉANO:

(Del latín *océanus*) color celeste verdoso claro semejante al del mar.

Light blue greenish color similar to that of the sea.—(0937)

OCRE:

(Del latín *ochra* y éste del griego *ochrós*, amarillo) óxido de hierro hidratado. La *tierra de Siena* es un ocre pardo amarillento que calcinado se torna naranja. La *tierra de Umbría*, las tierras rojas de Italia, el rojo indiano y el *pardo Van Dyck* son variedades de ocres naturales o calcinados.

Hydrated iron oxide. The Sienna earth is a yellowish brown that when burnt turns orange. The land of Umbria, the red hills of Italy, the Indian red and brown Van Dyke are varieties of natural or burnt ochre.—(0938)

OCROSO:

Adj. color que contiene ocre.

Color whith ochre.—(0940)

OLEOSO:

Adj. (del latín *oleusus*) color con tendencia al amarillento, aceitoso.

A color tending towards oily yellowish.—(0941)

OLIVA, OLIVÁCEO:

S. (del latín *oliva*) color aceituna.

Olive color.—(0942)

ONÍRICO:

Adj. (del griego *oneiros*, ensueño). 1. Colores psicodélicos. // 2. Colores con connotaciones de ensueño.

(From the Greek, *oneiros,* dream) 1. Psychedelic colors. // 2. Colors with connotations of dreams.—(0943)

ÓNIX:

(Del griego ónyx) color verde claro, semejante al del mineral.A los otros tonos de ónix, no se los llama así como color, sino por ejemplo, ónix dorado, ónix rosa, etc.

Clear greenish color, similar to that of the mineral. To the other tones of onyx, we do not call them like a color, but instead, golden onyx, red onyx, etc.—(0944)

OPACO:

Adj. (del latín *opacus*, sombrío) color que no tiene brillo.

Adj. a color that does not have luster.—(0945)

OPALINO:

S. color blanco azulado u ocre, con reflejos irisados semejante al de la sustancia opacante *o* al del vidrio traslúcido del mismo nombre.

N. A bluish white or brownish yellow color, with iridescent reflections similar to the substance opaquant or translucent glass.—(0946)

ÓPTICA:

Adj. (mezcla op.) efecto de mezcla semejante a la aditiva producido en la percepción de las áreas cromáticas de diversos colores en áreas yuxtapuestas muy pequeñas.

Mixing effect similar to the additive produced in the perception of the chromatic areas of several colors in very small juxtaposed areas.—(0947)

ÓPTICO:

Adj. se dice a un color blanco exaltado, producto de la incorporación de fluor en su mezcla química de origen.

It is what is referred to as a white exalted color, product of the incorporation of fluoride in its original chemical mixture.—(0948)

OPTIMISTA:

Adj. colores estimulantes y alegres.

Stimulating and happy colors.—(0949)

OPUESTO:

Adj. (del latín *oppósitus*) el que esta ubicado en las tablas de color, en el extremo contrario a otro.

That which is located on the color chart in the extreme side of another.—(0950)

ORANGE:

En francés, y en inglés, naranja.

At French, and English: orange.—(0951)

ORÉGANO:

(Del latín *origanum*) color verde semejante al de las hojas de la planta labiada aromática.

(From latín *origanum*) green color similar the leaves of the lipped aromatic plant.—(0952)

ORGÁNICO:

Adj. (del latín *orgánicus*). 1. Conjunto de colores armónicos entre sí. // 2. Colores naturalistas.

Adj. (from the Latin *orgánicus*). 1. A group of harmonic colors between each other. // 2. Naturalists colors.—(0953)

ORÍN:
(Del bajo latín *aerugo*) ver **HERRUMBRE**. // **2.** Vulgar, color amarillo
(From Latin *aerugo*) See **HERRUMBRE**. // **2.** Vulgar, yellow color.—(0954).
ORO:
(Del latín *aurum*) color amarillo semejante al del metal.
(From latín *aurum*) Similar color to the metal.—(0955).
ORQUÍDEA:
(Del griego *orchidion*) color purpura-magenta semejante al de la flor de una de las especies de la planta epífita.
(From the Greek *orchidion*) A purple-magenta, similar color to the flower (plant species epiphytic).—(0956)
OSCURECIDO:
Adj. que ha perdido luminosidad.
Adj. that has lost brightness.—(0957)
OSCURO:
Adj. (del latín *obscurus*) se dice del color cercano al negro.
Adj. (from the Latin *obscurus*) A color so called because it is close to black.—(0958)
OTOÑAL:
Color que connota la estación del otoño.
Connotes the autumn season.—(0959)
OVERO:
S. (del latín *fulvus*, amarillento) color leonado parduzco aplicado especialmente al pelaje de los animales.
N. Tawny brown color applied especially to the fur of animals.—(0960)
OVY:
En guaraní, azul.
In Guarani, blue.—(0960)
OVYMIMBÍ:
En guaraní, bien azul.
In Guarani, also blue.—(0961)

OXIDO:

S. (del griego *oxys*, ácido) ver herrumbre.

SN. (from the Greek, *oxys*) see herrumbre.–(0962)

OZONO:

(Del griego *odsein*, oler) color azulado del gas que se encuentra en la atmósfera.

(From the Greek, *odsein*, smell) bluish color of the gas that is found in the atmosphere.–(0963)

P

PABELLÓN:

(Del latín *papillo*, mariposa) color celeste semejante al de la bandera nacional.

(From Latin *papillo*, meaning butterfly) It is a light-blue color similar to the national flag of Argentina.—(0964)

PACIFICO:

Adj. (del latín *pacíficus*) colores tranquilos.

Adj. (From Latin *pacíficus*) It is a calm color.—(0965)

PACO:

(Del quichua) rojizo.

(From Quechua language) Reddish.—(0966)

PAGANO:

Adj. (del latín *paganus*, campesino) color rojo brillante.

Adj. (From Latin *paganus*, meaning country dweller) It is a bright red color.—(0967)

PAJA, PAJIZO:

(Del latín *palea*) color amarillento semejante a los tallos secos de las gramíneas.

(From Latin *palea*) It is a yellowish color similar to the dry stalks of cereal plants.—(0968)

PALETA:

S. determinado conjunto de colores, en general armónico.

N. It is a selected group of colors; this combination is usually harmonious.—(0969)

PÁLIDO:

Adj. (del latín *pallidus*). 1. De tez amarilla macilenta. // 2. Tonos muy claros cercanos al blanco.

Adj. (from Latin *pallidus*) 1. Yellow and pale complexion. // 2. Pale tones similar to white.—(0970)

PALIDUCHO:

Adj. despectivo, pálido.

Adj. Derogatory, pale.—(0971)

PALMA:

Adj. (verde p.) color semejante al de las hojas de la palmera.

Adj. (green palm) It is a color similar to the leaves of the palm tree.—(0972)

PAMPA:

(Voz quichua, llanura) color verde de la llanura bonaerense.

(From Quechua language, meaning plain). It is the green color of the plain from Buenos Aires.—(0973)

PANGARÉ:

S. (arg.) pelaje caballar de color anteado.

N. (From Argentina) It is a horse's coat of buff color.—(0974)

PANTANO:

(Del latín *pantanus*) color verde grisáceo dorado semejante al de las zonas pantanosas.

(From Latin *pantanus*) It is a golden-grayish green color similar to the color of marshy areas.—(0975)

PANTERA:

S. (del latín *panthera*) color negro profundo semejante al de la piel del felino.

N. (From Latin, *panthera*) It is a deep black color similar to the coat of the feline.—(0976)

PAPAL:
Adj. (del griego *pappas*, padre venerable) colores blanco y amarillo de la insignia pontificia.
Adj. (From Greek *pappas*, meaning venerable father) these are the white and yellow colors of the papal flag.—(0977)

PAPAYA:
S. (voz indígena del mar Caribe) color amarillo anaranjado, semejante al de la pulpa del fruto del mismo nombre.
N. (From Indigenous Caribbean people) It is an orangish-yellow color similar to the pulp of papaya fruit.—(0978)

PAPRIKA:
Color rojo semejante a la variedad de pimiento seco y molido utilizado como condimento.
It is a red color similar to the variety of dried and ground spice which is used to season and color foods.—(0979)

PARAFINA:
S. (del latín *parum affinis*, que tiene poca afinidad) color blanco semejante al de la sustancia traslúcida extraída del petróleo.
N. (From Latin *parum affinis*, meaning lacking affinity) It is a white color similar to the translucent substance extracted from petroleum.—(0980)

PARDO, PARDUSCO:
S. (del griego *pardos*, leopardo) marrón grisáceo claro.
N. (From Greek *pardos*, meaning leopard) It is a grayish-brown color.—(0981)

PARDO DE HUMO:
S. bistre.
N. bistre.—(0982)

PARDO SICILIANO:
S. tierra sombra natural.
N. Natural Umber.—(0983)

PARDO DE VERONA:

S. color tierra verde algo tostada.

N. It is a tanned green soil color.—(0984)

PARTITIVA/O:

Adj. (del latín *pastitum*, de *partire*, partir) mezcla aditivo que se produce por radiaciones de áreas pequeñas yuxtapuestas de distinto color.

Adj. (From Latin *pastitum, partire*, meaning to divide) It is an additive mixture produced by radiations from small adjacent areas of different color.—(0985)

PASIONAL:

Adj. colores estimulantes que connotan pasión especialmente los rojos bermellón, señal y carmín.

Adj. Stimulating colors that connote passion, for example carmine red, signal red and vermilion.—(0986)

PASIVO:

Adj. (del latín *passivus*) colores tranquilos y sedantes.

Adj. (From Latin *passivus*) It is a calm and soothing color.—(0987)

PASTEL:

Adj. (del francés antiguo *pastel*) colores desaturados con blanco semejantes a los de las tizas pastel.

Adj. (From Old French *pastel*) It is an unsaturated white color similar to pastel chalk colors.—(0988)

PASTO:

(Del latín *pastus*) color verde semejante al de la hierba.

(From Latin *pastus*) It is a green color similar to grass.—(0989)

PATÉTICO:

Adj. (del latín *patheticus* y éste del griego *pathetikós*, que impresiona) colores de connotación dramática.

Adj. (From Latin *patheticus*, from Greek *pathetikós*, meaning capable of feeling, impassioned) It is a color with dramatic effect.—(0990)

PÁTINA:

S. (del latín *patina*, cacerola, por el barniz que solía revestirlas) color asfalto, gris, verdoso, etc., traslúcido aplicado sobre otros.

N. (From Latin *patina* which means shallow dish; it receives this name because of the varnish which was used to cover the shallow dish) It is asphalt, gray, greenish transparent color applied to other colors.–(0991)

PATITO:

Tipo de amarillo claro semejante al del pato pichón.

It is a kind of light yellow color similar to the baby duck color.–(0992)

PAVIMENTO:

Color gris azulado de los caminos transitados de hormigón.

It is a bluish-gray color of concrete roads.–(0993)

PAVONADO:

S. (del latín *pavo*) color entre azul y negro que adquieren los metales luego de un proceso del mismo nombre para preservarlos del óxido.

N. (From Latin *pavo*) It is a color between blue and black that metals obtain after a process -which has the same name of the process- in order to protect metals from oxide.–(0994)

PAVONAZO:

S. (del italiano *pavonazo*) color mineral rojo oscuro que se emplea en la pintura al fresco.

N. (From Italian *pavonazo*) It is a dark-red mineral color which is used in fresco painting.–(0995)

PAYO:

En quichua, albino.

In Quechua language, albino.–(0996)

PECEÑO:

S. que tiene el color del pez, se aplica al pelaje caballar pardo amarillento.

N. It is the color of the fish, the term is also applied to the dun-yellowish color of the horse's coat.–(0997)

PELÍCULA:

S. (del latín *película*, pielcita) (color de película) color film.

N. (From Latin *película*, pielcita) (Color of the film) It is the film color.–(0998)

PELIRROJO:

Adj. (Del latín *pilus*, pelo y *rubedo*, color rojo) que tiene el cabello color rojo.

Adj. (From Latin *pilus*, hair and *rubedo*, red color) Someone who has red hair.—(0999)

PELTRE:

(Del occ. *Peltre*) color semejante al de la aleación de zinc, plomo y estaño usada antiguamente para vajilla.

It is a color similar to the alloy of zinc, lead and tin. The metal is also used for many other items including plates, dishes, etc.—(1000)

PENICILINA:

(De *penicillium notatum*, hongo que produce sustancias antibacterianas.) color verde claro.

(From the words *penicillium notatum*, meaning a fungus that produces antibacterial substances) It is a light green color.—(1001)

PENUMBRA, PENUMBROSO:

S. adj. (del latín *paene*, casi y *umbra*, sombra) colores oscurecidos y evanescentes.

N. Adj. (From Latin *paene*, almost or nearly and *umbra*, shadow) These are dark and evanescent colors.—(1002)

PERA:

S. color amarillo semejante al del fruto del peral (un amarillo de cadmio claro).

N. It is a yellow color similar to the fruit of the pear tree (light cadmium yellow).—(1003)

PERCEPTIBLE:

Adj. Visible.

Adj. Visible.—(1004)

PERCUDIDO:

Adj. (del latín *percutere*) gastado y algo sucio, manchado.

Adj. (From Latin *percutere*) It is a washed-up and dirty color.—(1005)

PERGAMINO:

(De Bérgamo, Italia) color del cuero empleado para escribir encima.

(From Bergamo, Italy) It is the color of the leather; its most common use is as a material for writing on.—(1006)

PERLA:

S. (del latín *pernula*, dim. de *perna*, especie de ostra) también gris perla.

N. (From Latin, *pernula*, diminutive of *perna*; it is a kind of sea mussel). It is also known as pearl gray color.—(1007)

PERLADO:

Adj. Tonalidad nacarada dentro de un color cualquiera.

Adj. It is a pearly tonality in one color.—(1008)

PETALO:

(Del griego *petalón*) color rosado muy pálido semejante al de los pétalos de algunas rosas.

(From Greek *petalón*) It is a pale pink color similar to the petals of some roses.—(1009)

PETRÓLEO:

(Del v. latín *petroleum*, del latín *petra,* como piedra y *oleum*, como aceite) color oscuro semejante al del líquido oleoso.

(From Latin *petroleum*; it comes from the words in Latin *petra,* rock and *oleum*, oil) It is a dark color similar to the oily substance.—(1010)

PIEL:

(Del latín *pellis*) color semejante al del epitelio humano.

(From Latin *pellis*) It is a color similar to human skin.—(1011)

PIGMENTADO:

Adj. que tiene pigmento. También cierto tipo de teñido desteñido en sarga de algodón (jean)

Adj. It is a color that has pigment. It is also a kind of discolored cotton serge (jean) - (1012)

PIMENTÓN:

S. (aum. de pimiento) paprika.

N. (It comes from the word pepper) paprika.—(1013)

PIMIENTO:

S. morrón.

N. Red pepper.—(1014)

PIMPOLLO:

(Del latín *pullulus*) color semejante al de ciertas variedades de rosa, antes de abrir.

(From Latin *pullulus*) It is a color similar to some variety of rose before opening on bushes.—(1015)

PINTARRAJEADO:

Adj. (de *pintarrajo*, pintura mal trazada) mala combinación de varios colores.

Adj. (It comes from the word *pintarrajo*, meaning a crudely drawing) It is a bad combination of different colors.—(1016)

PINO:

(Del latín *pinus*) color verde oscuro semejante al follaje de los pinos.

(From Latin *pinus*) It is a dark green similar to the foliage of the pines.—(1017)

PINTO:

Adj. (de *pinctus*) pintado, con pintas.

Adj. (It comes from the word *pinctus*). Painted, spotted.—(1018)

PISTACHO:

(Del latín *pistascium*) color verde claro semejante al de la almendra del alfóncigo.

(From Latin *pistascium*) It is a light green color similar to the fruit of the pistachio.—(1019)

PIZARRA:

(Del vasco *lapitz-arri*, *lapitz,* pizarra, *arri*, piedra) color gris oscuro azulado semejante al del mineral.

(From Basque Language, *lapitz-arri*, *lapitz,* slate, *arri*, rock) It is a bluish dark-gray color similar to the mineral.—(1020)

PIZARRÓN:

S. (negro o verde P.): nombre derivado de pizarra, pues las superficies para anotaciones temporales, eran de esa piedra. Color negro

mate semejante al del pizarrón. Por extensión del uso, también a un tipo de verde que se aplica para fondo de escritura temporal.
N. (negro o verde P.) It is a name that comes from the word slate because the areas for temporary notes were of stone. It is a black matt color finish similar to the board. It is also known as a kind of green that is applied in temporary writings.—(1030)

PLÁCIDO:
Adj. (Del latín *plácidus*) color apacible.
Adj. (From Latin *plácidus*) It is a calm color.—(1031)

PLATA:
(Del latín *plattus*, lámina metálica) color gris semejante a la plata.
(From Latin *plattus*, meaning metal sheet) It is a gray color similar to silver.—(1032)

PLATEADO:
Adj. que tiene reflejos de plata.
Adj. It is a color that has reflections of silver.—(1033)

PLATINADO, PLATINO:
Adj. que tiene reflejos de platino. Color semejante al del metal.
Adj. It is a color in which reflections of platinum are observed. It is also a color similar to platinum.—(1034)

PLOMO, PLOMIZO:
S. (del latín *plumbum*) color gris semejante al metal.
N. (From Latin *plumbum*) It is gray color similar to lead.—(1035)

POBRE:
Adj. (del latín *pauper*) combinación de colores poco atractivos. También colores poco saturados.
Adj. (From Latin *pauper*) It is a combination of unattractive colors. It is also a little-saturated color.—(1036)

POL:
En tehuelche, negro.
From tehuelche, black.—(1036[a])

POLAR:

Adj. (del latín *polus*) tonalidad extrema dentro de una serie.

Adj. (From Latin *polus*) It is an extreme tonality within a series of colors.–(1037)

POLENTA:

(Del latín *polenta*, torta de cebada tostada) color naranja amarillento semejante al de la harina de maíz amarillo hervida.

(From Latin *polenta*, meaning boiled cornmeal) It is a yellowish-orange color similar to the yellow flour of cornmeal.–(1038)

POLICROMÍA, POLÍCROMO:

S. (del griego *polychromos*) de varios colores.

N. (From Greek *polychromos*) the meaning of this word is "many colors".–(1039)

POMELO:

(contracción del neerlandés *pompel*, grande y del portugués *lomves*, limones) color semejante al fruto de la planta asiática.

(It is a contraction from Dutch *pompel*, big and from Portuguese *lomves*, lemmons) It is a color similar to the fruit of the Asian plant.–(1040)

POMPOSO:

Adj. (del latín *pomposus* de *pompa*, procesión) color ostentoso.

Adj. (From Latin *pomposus, pompa*, meaning procession) It is an ostentatious color.–(1041)

PORCELANA:

S. (del italiano *porcellana*, molusco de la valva blanca y brillante) color blanco azulado translúcido semejante al de cierta cerámica.

N. (From Italian *porcellana*, meaning a bright cowrie shell) It is bluish-white color similar to the translucent surface of the shell.–(1042)

PÓRLAN:

(Del inglés portland) s. ver cemento.

(From English portland) N. See Cemento.–(1043)

PRADERA:

S. (del latín *pratum*) color de fantasía aplicado a pinturas de revestimiento, un poco más claro que el llamado pampa.

N. (From Latin *pratum*) It is a fantasy color which is applied to covering paints; it is a lighter color than the Pampa color.–(1044)

PRECIOSO:

Adj. (del latín *pretiosus)* color muy bello y apreciado.

Adj. (From Latin *pretiosus*) It is a beautiful and valuable color.–(1045)

PREPARADO:

Adj. (del latín *praeparare*) color mezcla de otros, listo para usar.

Adj. (From Latin *praeparare*) It is mixture of different colors, ready to be used.–(1046)

PRETO:

Del portugués, negro.

From Portuguese, black.–(1047)

PRIETO:

Adj. (de apretar) color muy oscuro.

Adj. (to tighten) It is very dark color.–(1048)

PRIMARIO:

Adj. (del latín *primarius*) color que posibilita la creación de otros.

Adj. (From Latin *primarius*) It is a color that gives the possibility to create other colors.–(1049)

PRIMAVERAL:

Adj. Se dice del conjunto de colores luminosos saturados que recuerdan el tiempo de primavera. Adj. It is a group of bright and saturated colors that bring to our minds spring season.–(1050)

PROFUNDO:

Adj. (del latín *profundus*) color de característica concéntrica y difusa.

Adj. (From Latin *profundus*) It is a concentric and dim color.–(1051)

PRUSIA:

S. (azul de p.) ver azul de Prusia.

N. (Prussian blue) Sec Azul de Prusia.–(1052)

PSICODÉLICO:

Adj. se dice del conjunto de colores muy luminosos de moda en la década del 70.

Adj. It is a group of bright colors which were in fashion in the 70s.–(1053)

PUCACHANÍ:
En quichua, colorearse y encarnarse.
In Quechua language, this word means "to color and turn red itself.".—(1054)

PUKA:
En quichua, rojo, púrpura, purpúreo y purpurino.
In Quechua language, these are red and purple colors.—(1055)

PUKALU/LA:
En quichua, rojizo.
In Quechua language, it is a reddish color.—(1056)

PULCRO:
Adj. (del latín *pulcher*) color de aspecto prolijo.
Adj. (From Latin *pulcher*) It is an immaculate color.—(1057)

PUMA:
Color leonado grisáceo del pelaje del felino.
It is a grayish-tawny color of the coat of the feline.—(1058)

PUNZO:
(Del francés *ponceau*, amapola silvestre y su color) ver federal.
(From French *ponceau*, meaning poppy red) See Federal.—(1059)

PURO:
Adj. (del latín *purus*) color exento de mezcla e imperfecciones.
Adj. (From Latin *purus*) This color has neither mixture nor imperfections.—(1060)

PÚRPURA, PURPURADO:
(Del latín *púrpura*) color semejante al producido por un molusco marino.
(From Latin *púrpura*) It is a color similar to the ink produced by a mollusk.—(1061)

PURPÚREO:
Adj. (del latín *purpureus*) de color de púrpura.
Adj. (From Latin *purpureus*) It is a purple color.—(1062)

PURPURINA:
S. 1.rojo de rubia. 2. Dorado.
N. 1. Red-blond pigment. 2. Golden color.—(1063)

PUTREFACTO, PÚTRIDO:

Adj. color de aspecto corrompido o pútrido.

Adj. It is a color of corrupt or putrid appearance.–(1064)

Q

QUEBRACHO:

(Por quiebra hacha) color rojo semejante al de la madera del árbol de la región chaqueña.

(From Spanish *quiebra-hacha*) It is a red color similar to the wood of the tree from the Gran Chaco region.—(1065)

QUEBRADO:

Adj. (del latín *crepare*, crujir) color neutralizado en su saturación al mezclarse con su opuesto.

Adj. (From Latin *crepare,* to creak) It is a neutralized color that reaches its saturation level when it is mixed with its opposite.—(1066)

QUÉLÜ:

En araucano, rojo.

In Araucanian language, red.—(1067)

QUEMADO:

Adj. (del latín *cremare*) color agrisado o empalidecido por estar expuesto excesivamente a la luz o al calor.

Adj. (From Latin, *cremare*) It is a grayish or pale color due to the excessive exposure to light or heat.—(1068)

QUEMCHÍ, QUEMCHÚ:
En araucano, tierra roja ferruginosa.
In Araucanian language, iron-bearing red land.–(1069)
QUERMES:
S. (del árabe *quermez*, grana) rojo de cochinilla.
N. (From Arabic, *quermez*, kermes insect) It is the red of the cochineal.–(1070)
QUERUENCÓ:
En araucano, tintura líquida para teñir de rojo.
In Araucanian language, it is a liquid tincture to dye red color.–(1071)
QUINACRIDONA:
Pigmento que origina un rojo traslucido.
It is a pigment that gives origin to a translucent red color.–(1072)

R

RABIOSO:

Adj. (del latín *rabiosus*) color vehemente, muy saturado.

A raging, very saturated.—(1073)

RADIANTE:

Adj. (del latín *radians*, de radiante, centellar) brillante, luminoso, saturado.

Bright, shiny, saturated.—(1074)

RAFIA:

S. color semejante al de la paja rafia.

A color similar to the rafia Straw.—(1075)

RANA:

(Del latín *rana*) despreciativo, "pareces una rana vestido de ese color verde".

Disdain, "you look like a frog dressed in that green".—(1076)

RAPEL:

En araucano, barro de greda negro usado para teñir de negro.

In Araucanian, black clay mud used for black coloring.—(1077)

RARO:

Adj. (del latín *rarus*, ralo). Colores derivados o poco utilizados.

Adj. (from the Latin, *rarus*). Derived colors or an Little used.—(1078)

RATÓN:
(Del gallego *rato*) color gris pardusco semejante al del roedor
Grayish brown similar to that of the rodent.–(1079)

RAULÍ:
S. (Del araucano, *milín*) color rafia semejante al de la madera del arbol así llamado.
N. Strawy color such to the wood tree.–(1080)

REAL:
Adj. (Del b. latín *realis*, de *res*, cosa) (azul real) también azul cobalto.
Adj. (True blue) also cobalt blue.–(1081)

REALZADO:
Adj. color que por su entorno o su luminosidad se ve adelantado con respecto al contexto.
Adj. The color, due to its setting or because of its brightness appears to be ahead with regard to the rest within that context. A color that by its brightness looks ahead to the context.–(1082)

REBAJADO:
Adj. color diluído o desaturado.
A diluted or desaturated color.–(1083)

RECÍPROCOS:
Adj. Se dice de los colores que tienen gran influencia uno sobre otro, exaltándose. Ver complementarios.
Adj. These are colors that have great influence on each other, enhancing each other out exalting. See complementary.–(1084)

RECOCIDO:
Adj. Color quemado. En artes plásticas, se dice de los colores que se han mezclado mucho y pierden su personalidad. En artes del fuego, que se han pasado de temperatura y han perdido su calidad esperada.
Adj. Burned color. In the plastic arts, these are colors that have been so mixed that they lose their personality. In the firing arts, these are the ones that have been heated too much and lost the expected quality.–(1085)

RECREATIVO:

Adj. (de *recre*, alteración del latín *requies*, descanso) color que entretiene o divierte a su percepción.

Adj. Color that is entertaining or funny to the eye.–(1086)

RED:

Del inglés, rojo.

From English, red.–(1087)

REFRITO:

Adj. Peyorativo. Colores muy mal combinados.

Adj. Pejorative. Very bad combination of colors.–(1088)

REFINADO:

Adj. color con connotación estéticamente sobresaliente.

Adj. color with excellence connotation and aesthetic.–(1089)

REFLECTANTE:

Adj. (del francés *réflecteur*). Color aparente, emergente de una superficie. También, color muy luminoso.

Adj. (from the French *réflecteur*). An apparent color from a surface. Also, a very shiny color.–(1090)

REFULGENTE:

Adj. (del latín *refulgens*. De *refulgere*, resplandecer) color muy luminoso.

Adj. (from the Latin *refulgens)*. Very brightly shining color.–(1091)

REFRESCANTE:

Adj. colores que individualmente o en conjunto, denotan sensación de frescura. En general, colores fríos de valor lumínico alto.

Adj. colors that by themselves or together denotes a sensation of freshness. In general, cold colors with a high light value.–(1092)

REGIO.:

Adj. (del latín *regius*). Color de connotación suntuosa.

Adj. (from the Latin *regius*) Color with a connotation of luxurious.–(1093)

REGRESIVO:

Adj. (Del latín *regressus*, regreso) colores fríos, concéntricos, oscuros.

Adj. (From latín *regressus*) Cold colors, concentrics, dark.–(1094)

RELAMIDO:
Adj. (Del latín *relambere,* relamer) colores afectados, demasiado Significativos para el lugar donde fueron aplicados, muy dulces.
Adj. (From latín *relambere)* Affected colors, too significant for the place where they are applied, very sweet.—(1095)
RELATIVO:
Adj. (Del latín *relatiuus*) color aparente en su percepción por la influencia de los colores de su entorno.
Adj. (From latín *relatiuus*) A perceived apparent color resulting from the influence of the surrounding colors.—(1096)
RELINDO:
Adj. Muy lindo.
Adj. Very beautiful.—(1097)
RELUCIENTE:
Adj. (Del latín *relucens*) color brillante, pulido.
Adj. (From latín *relucens*) Brilliant color, polished.—(1098)
RELUMBRANTE:
Adj. (del latín *reluminare,* relumbrar) ver **REALZADO**.
(From latín *reluminare*) See **REALZADO.**—(1099)
REMOLACHA:
(Del latín *armoracium,* rábano silvestre). Color rojo violáceo semejante al de la raíz de la planta herbácea.
(From the Latin *armoracium*). A reddish violet similar to the root of the herbaceous plant.—(1100)
RENEGRIDO:
S. muy negro.
N. Very black.—(1101)
REQUEMADO:
Adj. (del latín *recremare,* requemar) ver recocido.
Adj. (from the Latin *recremare*). See recocido.—(1102)
RESONANTE:
Adj. (del latín *resonaris*). Color muy saturado y vibrante. También la relación de yuxtaposición de complementarios.

Adj. (from the Latin *resonaris*). A very saturated and vibrant color. Also the yuxtaposition of complementary relationship.—(1103)

RESPLANDECENTE:

Adj. (del latín *resplandescere*). Muy luminoso.

Adj. (from the Latin *resplandescere*). Very bright.—(1104)

RETAMA:

S. (del árabe *rátam*) color amarillo de fantasía aplicado en la industria semejante al de la flor de la planta leguminosa.

N. (from the Arabic *rátam*). Fantasy yellow color used in industry similar to the flower from the leguminous plant.—(1105)

RETINTO:

Adj. (del latín *retinnire*). 1. De color muy saturado. // 2. Castaño casi negro.

Adj. (from the Latin *retinnire*). 1. A very saturated color. // 2. Brown, almost black.—(1106)

REVOQUE:

(Del latín *revocare*). Color semejante al de la masa fraguada de cal y arena.

(From the Latin *revocare*). Color similar to the forged mass of lime and sand.—(1107)

RIDÍCULO:

Adj. (del latín *ridiculus*) color o conjunto de colores extravagantes, que motivan risa.

Adj. (from the Latin *ridiculus*). Color or group of extravagant colors, what causes hilarity.—(1108)

ROANO:

S. (del got. *randan*, acusativo de randa, rojo). Pelaje caballar, mezcla de blanco, gris y bayo.

N. (from got. *randan*). Horse hair mixed with White, gray and bay.—(1109)

ROBLE:

(Del latín *robus*). Color pardo amarillento semejante al de la madera de ese árbol.

(From the Latin *robus*). Yellowish Brown similar to the Wood of this tree.—(1110)

ROCÍO:
Color muy claro, de fantasía, que puede ser hacia el rosado, el amarillo o el celeste. En remembranza con la frescura de rocío matinal.
A clear color, from fantasy, that could be towards pink, yellow o light blue. In memory of the freshness of the morning dew.–(1111)

ROCOCÓ:
(Contracción del francés *rocaille*, rocalla y *coquille*, caracola) color rosa pálido.
A pale pink color.–(11121)

ROJIZO:
Adj. Color que vira al rojo.
Adj. Color what tends to red.–(1113)

ROJO:
(Del latín *russius*, rojo subido). 1. Primer color del espectro solar. Primario en la síntesis aditiva y en algunos sistemas cromáticos sustractivos. Secundario en el círculo cromático generativo sustractivo. Es uno de los colores al cual se le atribuyen gran cantidad de simbologías v connotaciones, (pasión, fuego, fuerza, etc.) // 2. Marxista o de idiología política de izquierda.
(From the Latin *russius*). First color of the solar spectrum. Primary in the additive synthesis and some subtractive color systems. Secondary in the subtractive wheel generative. It is one of those colors which give great amounts of symbolisms and connotations (passion, fire, force, etc.).–(1114)

ROJO DE AMBERES:
También de cloro, inglés, persa.
Also chlorine, English, Persian.–(1115)

ROJO DE CHINA:
También rojo de cromo, rojo Derby.
Also red chrome, derby red.–(1116)

ROJO DE ESPAÑA:
También de Venecia.
Also from Venice.–(1117)

ROJO FUEGO:

Color semejante al de las llamas cálidas del fuego. También rojo de Cadmio.

A color similar to that of the flames of hot fires. Also cadmium red.–(1118)

ROJO DE HIERRO:

Rojo de óxido de hierro. También indio o Pompeya. También turco.

Red from iron rust. Also indian or Pompeian. Also Turkish.–(1119)

ROJO HARRISON:

S. también llamado rojo cereza.

Also called cherry red.–(1120)

ROJO DE MARTE:

También rojo Saturno o de plomo.

Also red Saturno or red lead.–(1121)

ROJO PARA:

También señal, permanente, Coca Cola.

Also signals, permanent, Coca Cola.–(1122)

ROJO DE RUBIA:

Ver azo.

See azo.–(1123)

ROJO SANGRE DE DRAGO:

S. rojo trasparente.

N. Transparent red.–(1124)

ROJO TALO:

Rojo de pfthalocianine.

Phthalocianyne red.–(1125)

ROJO TOMATE:

S. Color carmín claro semejante al del fruto del tomate.

N. Like clear crimson similar to the tomatoe fruit.–(1126)

ROJO TOSCANO:

Color muy usado en la pintura Toscana.

A color frequently used in Toscany painting.–(1127)

ROJURA, ROJEZ:
Adj. calidad de rojo
A red quality.–(1128)
ROMÁNTICO:
Adj. (Del francés *romantique*). Color o conjunto de colores apastelados que connotan sentimentalismo.
Adj. (From the French *romantique*). Color or set of pastel colors that connote sentimentality.–(1129)
ROMERO:
(Del latín *rosmarinus*). Color semejante al de las hojas del arbusto aromático.
(From the Latin *rosmarinus*). Color similar to those of the aromatic bush.–(1130)
ROMIN:
S. (del árabe *rumi*, perteneciente a los Rum bizantinos) ver alazor.
N. (from the Arabic *rumi*). See alazor.–(1131)
RON:
S. (Del inglés dialectal *rumbullión*, tumulto, por las refriegas que ocasionaba este licor) color pardo dorado.
N. (From the English dialect rumbullion,turmoil and the clashes caused by this liquor) golden Brown.–(1132)
ROÑA, ROÑOSO:
S. (del latín tardío *aranea*, sarna) despectivo-color muy sucio y deteriorado.
N. (from the Latin *aranea*). Pejorative- very dirty and dilapidated color.–(1133)
ROSA:
S. (Del latín *rosa*). Por analogía con la flor del rosal. Desaturación con blanco de cualquiera de los colores de la gama del naranja al magenta.
N. (From the Latin *rosa*). By analogy with the flower of the rose. Desaturation with white from any of the colors range from orange to magenta.–(1134)

ROSA CARMÍN:
Color carmín desaturado con blanco.
Desaturated crimson and White.–(1135)

ROSA CONFITE:
S. Ver confite.
N. See confite.–(1136)

ROSA DIOR:
Color rosa impuesto por la casa de modas Dior.
Pink color imposed by the fashion house Dior.–(1137)

ROSA INGLÉS:
También holandés, o Amarillo carmín.
Also Dutch, or Amarillo carmine/yellow carmine.–(1138)

ROSA VIEJO:
Llamado así por ser apagado y a veces violáceo, ennegrecido o amarillento.
So called for being off and sometimes purplish, blackish or yellowish.–(1139)

ROSACEO, ROSADO:
Adj. (Del latín *rosatus*). Que tira al color rosa.
Adj. (From the Larin *rosatus*). That tends toward red.–(1140)

ROSILLO:
S. (Del latín *rossus*, rojo). 1. Rojo claro. // 2. Se dice del pelaje entremezclado del caballo, blanco, negro y castaño.
N. (From the Latin *rosatus*). 1. Clear red. // 2. The mixed of White, black and brown of horse hair.–(1141)

ROSITA:
S. Diminutivo de color rosa indefinido.
N. Diminutive for indefinite pink.–(1142)

ROUGE:
(Galicismo: *rojo*) en francés rojo.
French for red.–(1143)

RUANO:
S. Se dice del pelaje caballar blanco, gris y bayo.
N. Refers to horsehair that is white, gray and bay.–(1144)

RÚBEO:
Adj. (de laca de rubia). Que tira al rojo de rubia.
Adj. It tends toward the ruby red.—(1145)
RUBESCENTE:
S. adj. (del latín *rubescens*). Que tira al rojo.
N. Adj. (from the Latin *rubescens*). It tends toward red.—(1146)
RUBÍ:
S. (de *rub*ín, del latín vulgar *rubinus* de *rubens*, rojo) color semejante al de la piedra preciosa.
A color similar to the precious stone.—(1147)
RUBICÁN:
S. (De rubio y cano) pelaje caballar mezcla de blanco y rojo.
N. Horse hair mix of white and red.—(1148)
RUBIO:
S. (Del latín *rubens*, rojo). De color rojo claro parecido al del oro, especialmente en el cabello.
N. (From the Latin *rubens*, red). A clear red color similar to gold, especially in hair.—(1149)
RUBOR:
S. (Del latín *rubor*). Color encarnado aplicado al rostro.
N. (From the Latin *rubor*). Red color applied to the face.—(1150)
RUCIO:
S. (del latín *roscidos*, lleno de rocío, por lo entrecano) de color pardo claro entrecano.
N. Light brown gray.—(1151)
RUDA:
(Del latín *ruta*) color semejante al de la hoja de la planta perenne
(From the Latin *ruta*). Color similar to the perennial plant.—(1152)
RUFO:
S. (Del latín *rufa*, roja). Color rubio, rojo o bermejo.
N. (From the Latin *rufa*, red). Blonde, red or russet.—(1153)

RUGINOSO:

Adj. (del latín *rubiginosus*). Oxidado.

Adj. (from the Latin *rubiginosus*). Rusted.—(1154)

RUTILANTE:

Adj. (del latín *rutilans*). Destellante

Adj. (from the Latin *rutilans*). Flashing.—(1155)

S

SABAÑÓN:
(Del aragonés *sagallón*) adjetivo usado comparativamente con el color la tumefacción de la piel a causa del frío.
(Comes from Aragonese, sagallón) adjective referred to the colour of the tumid skin caused by cold.–(1156)
SABLE:
S. (Del alemán, *zobel*, marta cebellina) blas, color heráldico epresentado por el negro.
N. (German term, zobel, sable) heraldry word applied to black.–(1157)
SACRIMOCHO:
S. (también *sacrismoche*, despectivo de sacristán). Color negro arratonado.
N. (also *sacrismache*, pejoractive form to name a sacristan) greyish-black colour of his soutane.–(1158)
SAHARA:
S. Ver color desierto.
N. See "color desierto".–(1159)
SAICHU, SAIYU, SAIJHÚ:
En guaraní, amarillo.
In Guarani language, yellow.–(1160)

SAIYU NUNGA:
En guaraní, amarillento.
Means yellowish in Guarani.—(1161)
SALMÓN, SALMONADO:
(Del latín *salmo*) color rosa semejante al de la carne del pez.
(From Latin *salmo*) it is said of the pink flesh of the fish.—(1162)
SALVAJE:
Adj. (del latín *silvester*) color o colores saturados y agrestes.
Adj. (Latin word silvester) used for saturating and rough colours.—(1163)
SANDIA:
(Del árabe *batiha snidiya*, ballea del país de Sing, India) color rojo semejante al de la pulpa del fruto de la planta cucurbitácea.
(Arabic term, from Sing, India) colour that looks like the red pulp of the watermelon.—(1164)
SANGRE:
(Del latín *sanguis*) color rojo semejante al de la sangre.
(Latin word, sanguis) similar to the red colour of blood.—(1165)
SANGRE Y LUTO:
S. En fútbol, camiseta identificatoria del Club Newell's Old Boys.
N. Used in football to identify the T-shirt wore by Newell's Old Boys Club.—(1166)
SANGRIENTO:
Adj. Que tira al color sangre. Adjetivo de carácter dramático, negativo.
Adj. Colour that looks like blood. Also used for negative comparison.—(1167)
SANGUINA:
S. (del latín, *sanguis*) color rojo de hierro.
N. (from the Latin, *sanguis*) red as iron.—(1168)
SANGUÍNEO:
Adj. Sangriento. Con significado más cercano a temperamental que negativo.
Adj. Bloody. Used to describe the mood of a person.—(1169)

SATINADO:
Adj. (Del francés *satín*, satén) color con brillo y textura de seda.
Adj. (French term, satin, also used in English) bright and with texture of silk.—(1170)
SATURACIÓN:
S. (del latín *saturatio*, saciedad, hartura) grado de pureza de un color.
N. (From Latin *saturatio*, satiety) colour in pureness state.—(1171)
SATURADO:
Adj. (Del latín *saturatus*, saciado, satisfecho) máxima pureza que puede tener un color.
Adj. (Latin saturatus, glutted) maximun pureness showed in a colour.—(1172)
SAVIA:
S. (Del gallego-portugués *seiva*, salvia) color verde semejante al del líquido que corre por los vasos de las plantas.
N. (Galician-Portuguese word, *seiva*, *sage*) green as the liquid contained in vessels of trees and plants.—(1173)
SECO:
Adj. (Del latín *siccus*) colores apagados y algo quebrados, que recuerdan lo astringente.
Adj. (Derived from Latin, *siccus*) non-luminous colours.—(1174)
SECUNDARIO:
Adj. (Del latín *secundarius*) color formado por la mezcla de dos primarios.
Adj. (from the Latin *secundarius*) a mixture of two primary colours.—(1175)
SEDANTE:
Adj. (Del latín *sedatum*, supino de *sedare*, calmar, apaciguar) ver **PLACIDO**.
Adj. (From Latin sedatum, to calm) see **PLACIDO**.—(1176)
SEDOSO:
Adj. Color de aspecto muy suave. Satinado.
Adj. Colour that seems to be soft.—(1177)

SEDUCTOR:
Adj. (del latín *seductor*) color o conjunto de colores muy atractivos y sensuales.
Adj. (Latin term seductor) Very attractive and voluptuous colours.—(1178)
SELVÁTICO:
Adj. (Del latín *silváticus*) color o conjunto de colores pertenecientes Al bosque o a la selva.
Adj. (Derived from silvaticus) colours or colour belonging to forest or jungle.—(1179)
SEMÁFORO:
S. (Del griego *sema*, señal y *forós*, que lleva). 1. Colores del semáforo vial: rojo, verde y amarillo oro. // 2. Por extensión al contraste de colores muy saturados y llamativos.
N. (From the Greek *sema*, kind of signal, and foras, meaning something carried) referred to the colours of the traffic lights: red, yellow, green. // 2. Applied to saturated and extremely bright colours.—(1180)
SENSACIONAL:
Adj. (Del latín *sensatio*, sensación) color que causa gran impresión.
Adj. (From Latin sensatio, sensation) impressive color.—(1181)
SENSIBLE:
Adj. (del latín *sensibilis*) en pintura, variedad en el color o los colores, desviándolos de su raíz, que generan sutil atracción estética.
Adj. (Latin word *sensibilis*) Grading or variety colours used in painting slightly changed, getting a subtle aesthetic attraction.—(1182)
SENSUAL:
Adj. (Del latín *sensualis*). Color o conjunto de colores que sugieren connotaciones eróticas.
Adj. (from the Latin *sensualis*). Colours or colour suggesting eroticism.—(1183)
SEPIA:
(Del latín *sepia*) color pardo negruzco de la tinta del calamar.
(From the Latin *sepia*) brownish and black colour as the ink of the Squid.—(1184)

SERENO:

Adj. (del latín *serenus*) color de apariencia apacible y/o que contribuye a la serenidad del que se acerca.

Adj. (Derived from Latin *serenus*) light colour or showing serenity.–(1185)

SERIO:

Adj. (Del latín *serius*) color o colores de la vestimenta formal.

Adj. (From Latin, serius) colour or colours belonging to dressing clothes.–(1186)

SFUMATO:

(Del italiano) esfumado en pintura artística, propio del renacimiento en italia.

(From the Italian).–(1186[a])

SIENA:

Adj. (Del nombre de la ciudad de Siena, Italia) variedad de colores entre el ocre oscuro y el pardo rojizo, especialmente un pardo amarillento de luminosidad intermedia.

Adj. (Takes its name from the city of Sienna, Italy) Range of colours between dark ochre and redish brown, indicated especially for a kind of yellowish brown.–(1187)

SIENA NATURAL:

Tierra Siena natural.

Raw Sienna.–(1188)

SIENA TOSTADA:

Tierra Siena tostada.

Burnt Sienna.–(1189)

SIGNIFICATIVO:

Adj. (Del latín *significativus*) color que da a entender algo al que lo mira.

Adj. (Latin term *significativus*) particular connection settled between the colour and the person who looks at it.–(1190)

SIL:

(Del latín *sil*). Ocre (termino no muy usado).

(From Latin, *sil*). Not very common way to name ochre.–(1191)

SILVESTRE:
Adj. (del latín *silvestris*) color o conjunto de colores que recuerdan lo selvático.
ADJ. (From Latin *silvestris*) colour or colours used to describe Nature.–(1192)

SIMBÓLICO:
Adj. (Del griego *symbolikós*) color que representa a algo.
Adj. (Greek word,simbolikós) a colour used as a symbol.–(1193)

SIMIL (ORO, PLATA, BRONCE, COBRE):
S. Color semejante al del color oro, y al de los otros metales.
N. Colour that looks like gold or other metals.–(1194)

SINIESTRO:
Adj. (Del latín vulgar *sinexter*) color o conjunto de colores funestos. Fúnebres.
Adj. (Latin term, sinexter) Very dark and depressing colours.–(1195)

SINOPIA:
S. óxido de hierro natural.
N. Natural iron oxide.–(1196)

SINOPITA:
S. (Del latín *sinopicus*, de Sinope, antigua ciudad del Asia Menor) Ocre rojo.
N. (Latin *sinopicus*, derived from an ancient city in Asia) red ochre.–(1197)

SINOPLE:
(Del francés *sinople*) blas. color heráldico representado por el verde.
(French term, *sinople*) Used in heraldry, it means green.–(1198)

SNOB:
Adj. (del escocés *snap*, aprendiz de zapatero remendón. En el siglo XVIII los estudiantes de Cambridge designaban así a las personas de baja extracción, con pretensiones sociales) color usado para demostrar superioridad social, aunque no la haya.
Adj. (Scotish Word, snop, a cobbler apprentice. During the XVIII Century people belonging to a lower social class and pretending to be

upper, were known with this term by students in Cambridge) colour used for a pretentious person.–(1199)

SOBADO:

Adj. (Del latín *subigere*, amasar) color muy mezclado.

Adj. (Latin word, subigere, to knead) colour obtained from various mixtures.–(1200)

SOBERBIO:

Adj. (Del latín *superbus*) color grandioso, magnífico.

Adj. (Latin term, superbus) colour showing magnificence, splendour.–(1201)

SOBRESATURADO:

Adj. se dice de los colores más que saturados, por ejemplo los fluorescentes o los de las pantallas de monitores y TV.

Adj. It is said about extremely saturated colours, as the fluorescents or the ones on screens of monitors or TV sets.–(1202)

SOBRIO:

Adj. (Del latín *sobrios)* ver **SERIO, FORMAL**.

Adj. (Latin word, sobrios) see **SERIO, FORMAL**.–(1203)

SOFISTICADO:

Adj. (Del griego *soppistikós*) color exótico, muy elegante, algo snob.

Adj. (Greek adjective, soppistikós) exotic colour, glamorous.–(1204)

SOLEMNE:

Adj. (del latín *solemnis*) color serio y majestuoso.

Adj. (from the Latin *solemnis*) sober and non louminous colour.–(1205)

SOLFERINO:

Color llamado así por haberse descubierto poco tiempo después de la batalla de Solferino, ganada por Napoleón III° a Italia, en 1859.

This colour takes its meaning after Napoleon III defeated the Italians in the battle of Solferino, 1859.–(1206)

SOMBRA:

S. (Del latín *umbra*) colores tierra oscuros, faltos de luz.

N. (Latin term, umbro) sombre dark colours.–(1207)

SIENA NATURAL:
Usado en la pintura renacentista para dar volumen (Tierra S. Natural).
In Renaissance painting, it was used to work on volume.–(1208)
SIENA TOSTADA:
Tierra sombra tostada.
Dark brown.–(1209)
SOMBRÍO:
Adj. (Del latín *umbrosus*) color triste, melancólico, oscuro.
Adj. (Latin adjective, *umbrosus*) dark, depressing colour.–(1210)
SONROJADO:
Adj. Color con tendencia al rojo, se aplica especialmente al rostro.
Adj. Type of red, especially used for the colour of the face.–(1211)
SONROSADO:
Adj. Color con tendencia al rosa o bien rosado. Se suele aplicar al rostro y al color del algunas flores.
Adj. Kind of pink. It is said of the colour of the face and also some flowers.–(1212)
SUAVE:
Adj. (Del latín *suavis*) color claro, apastelado.
Adj. (Latin adjective, suavis) any kind of very light colours.–(1213)
SUBORDINADO:
Adj. (Del latín *subordinatio*). Color dependiente en una Composición visual, de otro u otros colores.
Adj. (From Latin, subordinatio). A colour what depends of other for the visual combination.–(1214)
SUBSATURADO:
Adj. Color que ha perdido tanto su saturación, que no se percibe claramente su croma.
Adj. Colour that lost its range of saturation.–(1215)
SUCIO:
Adj. (Del latín *succus*, jugo). Se dice del color confuso y turbio.
Adj. (Latin adjective, *succus*, juice). Not clear colour.–(1216)

SUELA:
(Del latín *solea*, sandalia) color rosado claro neutro, semejante al del cuero curtido vacuno, empleado para suela de calzado.
(From Latin, solea, sandal) Light pink as the tanned leather used to make shoe soles.—(1217)

SUFRIDO:
Adj. (Del latín *sufferre*, soportar, tolerar) color que disimula suciedad e imperfecciones.
Adj. (Latin adjective, sufferre, to bear, suffer) Colour that covers up dirty and imperfections.—(1218)

SUGESTIVO:
Adj. (Del lalín *suggestus*, acción de sugerir) color insinuante y atractivo.
Adj. (Latin term, suggestus, to suggest) Attractive and expressive colour.—(1219)

SULFATADO:
S. (Del latín *sulphur,* azufre) color verde melange semejante al de La superficie bañada en sulfatos.
N. (Latin noun, *sulphur*) Green colour similar to the one cause on surfaces by the action of sulphate.—(1220)

SULFURADO, SULFUROSO:
S. (Del latín *sulphur*, azufre) color amarillo verdoso claro, parecido al de la materia del elemento químico.
N. (Derived from Latin sulphur) Light yellowish green that looks like the chemicals.—(1221)

SUPER:
Adj. Color cualquiera, superlativo.
Adj. Any color, cuperlative.—(1221ª)

SUPERSTICIOSO:
Adj. (Del latín *supertitiosus*) color esotérico.
Adj. (Latin adjective, supertitiosus) referred to esotericism.—(1222)

SUSTRACTIVO:
Adj. (Del latín tardío *substrahere*) color de síntesis o mezcla sustractiva. Color visto de un pigmento o superficie.

Adj. (Latin adjective, substrahere) colour obtained from a substractive mixture. Pigment.—(1223)

SUTIL:

Adj. (Del latín *subtilis*, fino, delgado) color delicado, evanescente.
Adj. Delicate color. Evanescent color.—(1224)

T

TABACO:

(Término de origen incierto, tal vez del árabe *tabbáq*) color semejante a las hojas secas de la planta solanácea americana.

(Term of uncertain origin, maybe from the Arabic tabbaq) a color similar to the dried leaves of the American solanaceous plant.–(1225)

TAHEÑO:

Adj. (del árabe *tahánnu*, teñirse el pelo con alheña) color de pelo bermejo.

Adj. (fr Arab *tahannu*, to dye the hair with alheña) Red hair color.–(1226)

TALO (THALO, PHTALO):

Adj. (del griego *thallós*, retoño) color de Pthalocianine. Con esta sola denominación se dice del azul Talo, mientras que otros colores como rojo T, amarillo T, verde T se nombran siempre con el adjetivo Talo o bien como "de Thalo".

Adj. (From greek *thallós*, shoot) Pthalocianine color.–(1227)

TANGO:

(Seg. Corominas, «reunión danzante de negros». En Nigeria Central, tangu, bailar). Color naranja rojizo de la moda rioplatense de los años 1930.

(Seg. Corominas, a meeting of negro dancers in Central Nigeria, tangu, dance). A red orangish color from the Rio de la Plata around 1930.–(1228)

TANINO:
S. (del francés *tanin*) color morado negruzco semejante al de la sustancia extraída de algunos maderos.
N. a dark purplish color similar to the substance extracted from some trees.–(1229)

TAPIOCA:
(Del tupí Tipiok, residuo, coágulo) color de la fécula gruesa de la mandioca.
(From the Tupi, residual, clot) color of the thick starch from the yucca/mandioca plant.–(1230)

TE:
(Del chino dialectal *t'e*) color pardo claro semejante a la infusión de las hojas del arbusto.
(fr. Chinese dialect t'e) a clear brown color similar to the infusion of bush leaves.–(1231)

TÉ CON LECHE:
Té negro, con agregado de leche.
Tea with milk: black with milk added.–(1232)

TEMELTENK:
En tehuelche, gris.
From tehuelche, grey.–(1232[a])

TE VERDE:
Color verde claro traslúcido, semejante al de la infusión de té verde.
A greenish translucent color, similar to the infusión of green tea.–(1233)

TEJA:
S. (del latín *tegula*) color terracota claro semejante al de la pieza de barro cocida empleada para techados.
N. (fr. The Latin tegula) an earthcolor similar to the cooked mud used for roofing tiles.–(1234)

TELÚRICO:
Adj. (del latín *tellus*, la tierra) color o conjunto de colores de la tierra y la naturaleza del lugar, que se dirigen del pardo oscuro al ocre claro y arcilla.

Adj. (from the Latin tellus, the earth) a color or group of earth and nature colors that goes from dark brown to clear and clay ochre.—(1235)

TEMPESTUOSO:

Adj. (del latín tempestuosus) ver salvaje.

Adj. (from the Latin tempestuousus) see savage.—(1236)

TEMPLADO:

Adj. (del latín *temperare*) color cálido.

Adj. (from the Latin temperare) a warm color.—(1237)

TENEBROSO:

Adj. (del latín *tenebrosus*) color oscuro con connotación negativa.

Adj. (from the Latin *tenebrosus*) a dark color with a negative connotation.—(1238)

TENUE:

Adj. (del latín *tennis*) color difuminado.

Adj. (from the Latin tennis) a diffused color.—(1239)

TEÑIDO:

Adj. (del latín *tingere*, teñir) color rebajado, algo desleído.

Adj. (from the Latin *tingere*, to dye) reduced or diluted color.—(1240)

TERCIARIO:

Adj. (del latín *tertiarius*) color de mezcla de un primario y un secundario, o de dos secundarios, según el sistema aromático.

Adj. (from the Latin tertiarius) a color mixture of one primary and one secondary color, or two secondary colors according to the chromatic system.—(1241)

TERRACOTA:

S. (del italiano *terracotta* y éste del latín *térra cocta*, tierra cocida).

N. (from the Italian *terracotta* and this from Latin *terra cocta*, cocked earth).—(1242)

TERRACOTTA:

S. rojo de óxido de hierro.

N. red iron rust.—(1243)

TERROR:
Adj. (del latín *terror*) (de T.) color que asusta.
Adj. (from the Latin *terror*) a color that frightens or scares.–(1244)
TERROSO:
Adj. (del latín *terrosus*) color que tiende a los colores de la tierra.
Adj. (from the Latin *terrosus*) a color that tends toward earth colors.–(1245)
TÉTRICO:
Adj. (del latín *teter*, negro) color sumamente triste.
Adj. (from the Latin *teter*, black) a very sad color.–(1246)
TICIANO:
S. (de El Ticiano, pintor italiano del manierismo) color pardo rojizo.
N. (from Titian, Italian painter from the Mannerism) a reddish brown color.–(1247)
TIERRA:
S. (del latín *terra*, tierra) cualquiera de los colores de la tierra,
N. (from the Latin *terra*, earth) any of the earth colors.–(1248)
TIERRA VERDE:
Color tierra ligeramente verdoso.
Earth slightly Green.–(1249)
TILO:
(Del latín *tilia*) color semejante al de los brácteas de la flor del árbol.
(Fr. Latin *tilia*) a color similar to the bracts of the flower of the tree.–(1250)
TIMBRICO:
Adj. (del latín *tympanum*, pandero) en pintura, color en la composición que denota presencia) y organiza la clave cromática.
Adj. (from the Latin *tympanum*, pandero) in painting, color in a composition that denotes a presence, organizes the chromatic key.–(1251)
TÍMIDO:
Adj. (del latín *timidus*) color suave, apenas insinuado.
Adj. (from the Latin timidus) soft color, barely insinuated.–(1252)

TINTE:
Adj. 1. Color con que se tiñe. // 2. Color más blanco.
Adj. 1. Color for dyed. // 2. One color and white.–(1253)

TINTO:
Adj. (del latín *tingere*, teñir). 1. Teñido, pintado. // 2. De color rojo oscuro.
Adj. (from the Latin *tingere).* 1. Dyed, painted. // 2. A dark red color.–(1254)

TÍPICO:
Adj. (del latín *typicus*) colores que representan algo. También colores folk.
Adj. (from the Latin typicus) colors that represent something. Also folk colors.–(1255)

TÍSICO:
Adj. (del griego *phthisikós*) color pálido y amarillento del enfermo de tuberculosis.
Adj. (from the Greek phthisikos) pale yellow color of a person with tuberculosis.–(1256)

TIZA:
S. (del nahualtl, *tizatl*, greda) color blanco grisáceo de la tiza
N. (from the Nahuatle, *Tizatle*, Greda) whitish gray color of chalk.–(1257)

TIZNADO, TIZNE:
S. (de tiznar) color que parece empolvado de negro
N. (from smudge) a color that seems like dusty black.–(1258)

TOBIANO:
S. (argentinismo) se dice del color del pelaje caballar con capa de dos colores a grandes manchas.
N. (Argentinism) is what is called a horse hair color with two layers of colors in large patches.–(1259)

TOMADALAIK:
S. En toba, rojo.
N. From toba language: red.–(1260)

TOMATE:

S. (del nahualtl, *tómatl*) color semejante al del fruto del mismo nombre.

N. (from nahualtl, *tómatl*) color similar to the fruit of the same name.–(1261)

TONO:

(Del latín *tonus*). 1. Color. // 2. Variante de color. // 3. Color mezclado con gris. // 4. Todas las varíantes perceptivas de la sensación lumínica.

(From the Latin *tonus*). 1. Color. // 2. Variation of the color. // 3. A color mixed with gray. // 4. All the variations perceived from the sensation of light.–(1262)

TOPACIO:

(Del griego *topázion*) color amarillo semejante al de la piedra fina. Ver **AMARILLO TOPACIO.**

(from the Greek *topazion*) a yellow color similar to the fine gem. See **AMARILLO TOPACIO.**–(1263)

TOPO:

(Del latín *talpa*) color gris oscuro semejante al del pelaje del roedor. Ver **GRIS TOPO.**

(from Latin *talpa*) a dark gray color similar to the hair of a rodent. See **GRIS TOPO.**–(1264)

TORDILLO, TORDO:

S. (dim.de tordo, del latín *turdus)* color del pelaje caballar mezclado de negro y blanco, semejante al del ave llamada popularmente tordo.

N. (dim. For tordo, from Latin *turdus*) color of horse hair mixed with black and white, similar to the bird commonly known as thrush.–(1265)

TORNASOL:

S. 1. Color variable del colorante azul, que se torna rojo con los ácidos y azul con los álcalis. // 2. Color tornasolado.

N. 1. A variable color blue dye that turns red with acids and blue with alkali. // 2. A shimmering color.–(1266)

TORNASOLADO:

Adj. Color que varía en su superficie en tonalidades de diversos colores.

Adj. Color that changes on its surface with the tonalities of different colors.–(1267)

TORONJA:

(Del árabe *turúnga*, cidra) color semejante a la cidra globosa como naranja.

(from the Arabic *Turunga*, cider) a color similar to the round citrus fruit.–(1268)

TÓRRIDO:

Adj. (del latín *torridus*) color muy ardiente.

Steamy adj. (fr Latin torridus) a very burning/hot color.–(1269)

TOSTADO:

S. 1. Ver **TIERRA SIENA TOSTADA.** // 2. Color chamuscado.

N. 1. See **TIERRA SIENA TOSTADA.** // 2. Charred color.–(1270)

TRADICIONAL:

Adj. (del latín *traditio*). 1. Color perteneciente al folklore o tradición de un pueblo. // 2. Colores de la síntesis sustractivo usados antiguamente, cuyos primarios eran amarillo, rojo y azul y que mezclados entre sí se obtiene un pardo y no el negro, como en la verdadera síntesis sustractiva.

Adj. (from the Latin traditio). 1. A color pertaining to the folklore or tradition of a people. // 2. Colors from the subtractive synthesis that was used in the past whose primary yellow, red and blue and when mixed together results in a brown and not a black, like the true subtractive synthesis.–(1271)

TRÁGICO:

Adj. (del griego *traquikós*) color o colores entre dramáticos y tenebrosos.

Adj. (from the Greek *traquikos*) a color or colors between dramatic and stormy.–(1272)

TRANQUILO:

Adj. (del latín *tranquillus*) color de connotación apacible.

Adj. (from the latin *tranquillus*) a color connoting peace.—(1273)

TRANSLÚCIDO:

Adj. (del latín *translucidus*) color que como la materia translúcida. Parece dejar pasar la luz tras de sí.

Adj. (from the Latin translucidus) a color, like that of translucent material, that seems to allow light to past through it.—(1274)

TRANSPARENTE:

Adj. (de *trans* y en latín *parens*. que aparece) color muy translúcido, que deja ver lo que está tras de sí.

Adj. (from trans y el latin parens. That appears) Transparent. A translucent color that allows you to see through it.—(1275)

TRAVERTINO:

Color semejante al de la piedra caliza cristalina.

A color similar to crystalline limestone.—(1276)

TRÉBOL:

(Del latín vulgar *trifulum*, del griego *triplyllon*) color verde semejante al de las hojas de la herbácea.

(from the vulgar Latin *trifulurh*, from the Greek *triplyllon*) a green color similar to the leaves of the bush.—(1277)

TRIADA:

S. (del griego *triás*) reunión de tres colores armónicos entre sí

N. (from the Greek *trias*) the meeting of three harmonic colors.—(1278)

TRICOLOR:

Adj. (del latín *tricolor*) de tres colores.

Adj. (from the Latin *tricolor*) of three colors.—(1279)

TRIGO:

(Del latín triticum) color semejante al de la espiga seca de la planta gramínea.

(from the Latin *triticum*) a color similar to the dry wheat of the graminea plant.—(1280)

TRIGUEÑO:
Adj. de color tendiente al trigo, entre moreno y rubio.
Adj. A color tending towards wheat, between brown and yellow.–(1281)
TRISTE:
Adj. (del latín *tristis*) colores desaturados y agrisados.
Adj. (from the Latin tristis) desaturated, gray colors.–(1282)
TROPICAL:
Adj. (del griego *tropikós*) color cálido.
Adj. (from the Greek *tropikos*) a hot color.–(1283)
TUCO:
S. color de la salsa de tomate con carne.
N. color of tomato and meat sauce.–(1284)
TURBIO:
Adj. (del latín *turbidus*) ver sucio.
Adj. (from the Latin *turbidus*) see dirty/muddy.–(1285)
TURMALINA:
(Del francés tourmaline) color semejante al de la piedra fina.
(From the French tourmaline) a color similar to the fine stone.–(1286)
TURQUESA:
(De *turqués*, turco) color azul verdoso del mineral.
(From the Turkish,Turk) a blueish green color from the gem.–(1287)
TURQUÍ:
(Del árabe *turki*, de Turquía) color azul tuquí.
From the Turkey Arabic, from Turkey) a turquoise blue color.–(1288)
TURRÓN:
(Del catalán *torró*) color semejante al dulce empleado en alfajores y tabletas provincianas.
(From the Catalan *torro*) a color similar to the butterscotch used in pastries.–(1289)

UAITENK:

En tehuelche, amarillo.

From tehuelche, yellow.–(1289[a])

ULTRAMAR:

(Del francés ant. *oultramer* y del italiano *oltramare*) color azul ultramar o de lapislazuli.

(From the French ant. *oultramer* and the Italian *oltramare)* ultramarine blue.–(1290)

UMBRÍO, UMBROSO:

Adj. (del latín *umbra*, sombra) color sombrío, oscuro, triste.

Adj. (from the Latin umbra, shade) shady color, dark, sad.–(1291)

UNICOLOR:

Adj. ver monocromo.

Adj. see monochrome.–(1292)

UNIFORME:

Adj. (del latín *uniformis*) color parejo.

Adj. (from the Latin *uniformis)* uniform or even colored.–(1293)

UVA:

(Del latín *uva*) color violáceo semejante al fruto de la vid madura.

(From the Latin *uva*) grape color similar to the mature fruit from the vine.–(1294)

V

VAINILLA:

(Del latín *vagina*) color pardo oscuro semejante al del fruto de la planta americana.

(From the Latin word for *vagina*). It is a blackish brown color similar to the vanilla plant.–(1295)

VALOR:

(Del latín tardío *valor*) grado de luminosidad de un color.

(From late Latin *valor*) It is the grade of luminosity of a color.–(1296)

VAPOROSO:

(Del latín *vaporosus*) color neutro evanescente.

(From Latin *vaporosus*) It is an evanescent and neutral color.–(1297)

VARONIL:

Adj. (Del latín *vir*) color o colores usados en la moda masculina en el siglo XX hasta aproximadamente la década del '60. Colores tradicionales en la moda inglesa, son llamados también clásicos, grises, pardos, verdes oscuros, negro, beige, vicuña, blanco.

Adj. (From the Latin *vir*) These colors were chosen by men in the 20th century until the 60's. Traditional colors used by the English fashion are also called classic colors; such as gray, brown, dark green, black, beige, vicuna, and white.–(1298)

VEGETAL:
S. (del latín *vegetus*, vivo) (verde v.) color verde brillante.
N. (From Latin *vegetus*, vigorous) (vegetable green color) It is a brilliant green color.–(1298)

VEHEMENTE:
Adj. (Del latín *vehemens*) ver impetuoso.
Adj. (From the Latin *vehemens*) See Impetuoso.–(1299)

VEJIGA:
S. verde vejiga (ver savia).
N. Bladder green color (See Savia).–(1300)

VELA:
S. (Del latín *vela*) Color blanco amarillento grisáceo semejante al de las velas de cera y estearina usadas para alumbrar.
N. (From the Latin *vela*) Grayish yellowish white color similar to the wax and stearin candles used to light.–(1301)

VELADO:
Adj. (Del latín *velum*, tela) color difuminado con blanco o gris de valor alto.
Adj. (From Latin *velum*, veil) It is a color softened with white or gray (colors of high value).–(1302)

VELADURA:
En pintura, tonalidad translúcida de cualquier color, que se aplica levemente sobre otros tonos ya pintados y que produce el doble efecto de transparencia y luminosidad y de uniformizar los contrastes violentos.
Regarding painting, it is considered a translucent tonality of any color which can be applied lightly at other tones and which produces a dual effect of transparency and luminosity and unifies contrasts.–(1303)

VENECIANO:
(Verde v.) También de Verona o Viridiano.
(Venetian green color) Also referred to as Verona or Viridian.–(1304)

VERANTIQUE:
S. (Del francés *vert*, verde y *Antique*, antiguo) pátina verde cobriza.
N. (From French *vert,* green and *Antique,* old) It is a copper-green patina color.–(1305)

VERDE:
(Del latín *viridis* color primario de la síntesis aditiva). En la síntesis sustractiva es secundario en algunos sistemas y color primario en otros.
(From the Latin *viridis*, the primary color of the additive synthesis technique). In the subtractive synthesis, it is the secondary color in some systems and primary color in other systems.–(1306)
VERDE AGUA:
Corresponde a un verde azulado claro (de verde y agua) color entre verde y agua.
It is a light bluish green color (green color and water).–(1307)
VERDE AZURRO:
S. También v. malaquita.
N. See V. Malaquita.–(1308)
VERDE BENETTON:
Color verde mediano oscuro impuesto en la moda por la firma Benetton.
It is a dark green color set in the fashion industry by the Benetton Company.–(1309)
VERDE DE CROMO:
Verde de óxido de cromo.
It is a chrome oxide green color.–(1310)
VERDE ESMERALDA:
S. Ver esmeralda.
N. See Esmeralda.–(1311)
VERDEGAY:
S. (Del francés *vert gay*, verde alegre) de color verde claro.
N. (From French *vert gay*, light green) It is a light green color.–(1312)
VERDE HOJA:
S. color verde semejante al de los vegetales. Ver hoja.
N. It is a green color similar to the vegetable plants. See Hoja.–(1313)
VERDE INGLÉS:
1. Color verde oscuro así llamado por ser característico de ser aplicado en las aberturas de origen inglés. // 2. También gris intermedio ligeramente verdoso.

1. It is dark green color which was known for being applied in the openings of English origin. // 2. Also referred to as a slightly greenish intermediate gray color.—(1314)

VERDE LORO:

Color verde brillante semejan te al del plumaje del loro llamado barranquero. Ver Cotorra.

It is a brilliant green color will similar to the plumage of the burrowing parrot. See Parrot.—(1315)

VERDEMAR:

(De verde mar) color semejante al verdoso que suele tomar el mar. Ver Mar.

(Sea-green) It is a similar color to the greenish color that the sea often takes. See Mar.—(1316)

VERDE MUSGO:

S. Color semejante al del musgo. Ver musgo

N. It is similar to the moss color. See Musgo.—(1317)

VERDE PIEDRA:

S. También tierra verde. En algunos casos, gris verdoso.

N. Also referred to as green land color. In some cases, a greenish gray color.—(1318)

VERDE OLIVA:

S. ver aceituna.

N. See Aceituna.—(1319)

VERDE OSCURO:

S. color verde azulado oscurecido.

N. It is a dark bluish green color.—(1320)

VERDE SECO:

Color verde similar al de las hojas que han empezado a morir.

It is a green color similar to when the leaves begin to die.—(1321)

VERDE THALO:

Color verde de ftalocianina, también verde cian.

It is the green color of the phthalocyanine pigment; also referred to as cyan green.—(1322)

VERDE TURQUESA:
Color verde cian claro.
It is a light cyan green color.—(1323)
VERDE VEJIGA:
Color savia oscuro.
It is a dark sap green color.—(1324)
VERDÍN:
S. color verde azulado oscuro, semejante al de las plantas criptógamas.
N. It is a dark bluish green color similar to the cryptogam plants.—(1325)
VERDINEGRO:
S. color verde negruzco.
N. It is a blackish green color.—(1325)
VERDINO:
S. de color indefinido que vira al verdoso.
N. It is an indefinite color that turns to a greenish color.—(1326)
VERDISECO:
S. Ver **VERDE SECO**.
N. See **VERDE SECO**.—(1327)
VERDOLAGA:
1. En fútbol, camiseta identificadora del club Ferrocarril Oeste. // 2. Despectivo de verdoso, por semejanza con el de la planta comestible de ese nombre.
1. In Argentine football, it is the official t-shirt of the Ferrocarril Oeste club. // 2. It is a derogatory word for verdoso (greenish) because of its similarity with the edible vegetable plant.—(1328)
VERDOSO, VERDUSCO:
Color que tira al verde.
It is a color which looks like green color.—(1329)
VERMELHO:
En portugués, rojo.
From Portuguese, red color.—(1329)

VERONÉS:

S. (Verde) Color Verde empleado asiduamente por el pintor italiano Veronese. En algunos casos, también Verde veneciano.

N. (Green) Green color frequently used by the Italian painter Veronese. In some cases, it is referred to as Venetian Green.

VERSICOLOR:

Adj. (Del latín *versicolor*, que cambia o varía de color) color que varía según la incidencia de la luz. También tornasol.

Adj. (From the Latin *versicolor*, which changes or varies in color) It is a color that varies according to the effect of light. Also referred to as Litmus.–(1330)

VERT:

S. En francés, verde.

N. From French, green color.–(1331)

VIAL:

S. (Del latín *vialis*) colores relativos a la señalización en calles, caminos, etc. Blanco, amarillo de cromo oscuro, negro, rojo señal y los colores del semáforo.

N. (From the Latin *vialis*) Colors regarding street and road signs. White, dark-chrome yellow, black, signal red and traffic light colors.–(1332)

VIBRANTE:

Adj. (Del latín *vibrare*, blandir, sacudir) color muy saturado y luminoso.

Adj. (From Latin *vibrare*, to brandish, to shake) It is a highly saturated and bright color.–(1333)

VIBRATORIA:

Adj. (Del latín *vibratum*) mezcla de color saturado de carácter no íntimo, es decir, que presenta arrastre del otro color.

Adj. (From Latin *vibratum*) It is a mixture of saturated color, that is to say, this can be seen as a dragging of the other color.–(1334)

VICUÑA:

(Voz quichua) color del pelo del mamífero rumiante.

(From Quechua) It is the color of the silky-fleeced ruminant mammal.–(1335)

VIDRIADO, VIDRIOSO:

Adj. aspecto vítreo en las superficies cromáticas.

Adj. It has a glassy aspect in the chromatic surfaces.—(1336)

VINO:

(Del latín *vinum)* color semejante al de la bebida alcohólica. Ver Borgoña.

(From Latin *vinum*) It is a color similar to the alcoholic beverage. See Borgoña.—(1337)

VINOSO:

Adj. que tira al color del vino.

Adj. It looks like the color of the wine.—(1338)

VIOLÁCEO, VIOLADO:

Adj. (Del latín *violáceus*) que es de la familia del color violeta.

Adj. (From Latin *violáceus*) It belongs to the violet color family.—(1339)

VIOLET:

Del francés e inglés, violeta.

From French and English, violet color.—(1340)

VIOLETA:

(Del francés *violette*) último color del espectro, generalmente secundario en las síntesis sustractivas, mezcla de magenta y cian.

(From the French *violette*) It is the last color of the spectrum; it is generally secondary in the subtractive synthesis technique. It is a mixture of magenta and cyan.—(1341)

VIRADO:

Adj. (Del céltico *viro*, yo me desvío, me inclino) color que se dirige hacia otro.

Adj. (From the Celtic *viro*, to turn, to tend) It is a color that tones to a different color.—(1342)

VIRGINAL:

Adj. (del latín *virginalis*) color incólume, simbólicamente blanco muy puro.

Adj. (From the Latin *virginalis*) It is a untouched color; an extremely pure white color.—(1343)

VIRIL:

Adj. (del latín *virilis*) ver varonil.

Adj. (From Latín *virilis*) See Varonil.—(1344)

VIRTUAL:

Adj. (Del latín *virtus*, fuerza, virtud). 1. Color que tiene existencia aparente y no real. También relativo. // 2. Color Web.

Adj. (From Latin *virtus*, strength, virtue). 1. It is a color that has apparent but no real existence. Also referred to as Relative. // 2. Web color.—(1345)

VISÓN:

(Del francés *visón*) color pardo grisáceo medio semejante al del pelaje del mamífero carnívoro.

(From French *visón*) It is a medium grayish brown color similar to the fur of the carnivorous mammal.—(1346)

VISTOSO:

Adj. ver llamativo.

Adj. See Llamativo.—(1347)

VITAL:

Adj. (del latín *vítalis*) color estimulante y luminoso.

Adj. (From Latin *vitalis*) It is a stimulating and bright color.—(1348)

VITAMÍNICO:

Adj. (voz del investigador alemán Funk en 1925. con el latín *vita*, vida y el radical de *ammonium*, amoníaco) color o colores de la naturaleza vegetal que se sabe aportan vitaminas, y que de por sí, son estimulantes a la vista.

Adj. (From the German researcher Funk in 1925; its origin comes from Latin *vita*, life and *ammonium,* ammonia) Colors of the nature which are known to be stimulating to the eye and to have vitamins.—(1349)

VITREO:

Adj. ver **VIDRIOSO.**

Adj. See **VIDRIOSO**.—(1350)

VIUDO/A:

S. Color negro o de luto.

N. It is a black or mourning color.—(1351)

VIVO:

S. (Del latín *vivus*) saturado.

N. (From Latin *vivus*) It is a saturated color.–(1352)

VIZCACHA:

S. Color pardo grisáceo semejante al del pelaje del roedor.

N. It is a grayish brown color similar to the fur of the rodent.–(1353)

VOLCÁNICO:

Adj. Rojo vibrante.

Adj. Vibrant red color.–(1354)

VÓMITO:

Adj. Color amarillento verdoso muy desagradable.

Adj. It is an unpleasant yellowish green color.–(1355)

VULGAR:

Adj. Color muy visto y poco sutil.

Adj. It is a cheerful and tacky color.–(1356)

WHISKY:

(Dim. inglés del gaélico *wirge beatha*, agua de vida o aguardiente) color semejante al de la bebida destilada de malta de cereales.

(Shortened form of *wirge beatha* in Gaelic, water of life) a similar color to the distilled cereal malt beverage.–(1357)

WHITE:

En inglés, blanco.

In English, white.–(1358)

YACARÉ:
(Voz guaraní) color verde negruzco del reptil americano.
The blackish-green color of the South American reptile.—(1359)

YANA:
S. En quechua, negro oscuro.
N. In Quechua, dark black.—(1360)

YANAYANA:
Adj. en quechua, negruzco.
Adj. In Quechua, blackish.—(1361)

YELLOW:
S. en inglés, amarillo.
N. In English, yellow.—(1362)

YEMA:
S. Color amarillo anaranjado. Ver **HUEVO**.
N. Orange-yellow color. See **HUEVO**.—(1363)

YERBA:
Color verde apagado, semejante al de la yerba mate.
Subdued green color, similar to the *yerba mate*.—(1364)

YESO:
S. Color blanco del sulfato de cal hidratado.
N. The white color of the hydrated calcium sulfate.—(1365)

YODO, YODADO:
Adj. Tono que tiende al color naranja dorado del yodo.
Adj. Like the golden orange color of the iodine.—(1366)

YURAH:
S. En quechua, blanco.n.
N. From Quechua, white.—(1367)

YURAJYURAJ:
Adj. En quechua, blancuzco.
Adj. In Quechua, whitish.—(1368)

YURANI:
Adj. En quechua, blanquear.
Adj. In Quechua, to whitewash.—(1369)

YUTE:
(Del inglés *jute*) color semejante al de la materia textil de origen vegetal.
(In English *jute*) a similar color to the textile material of the vegetable fiber.—(1370)

YUYO:
Adj. (del quichua *yúyu*, hortaliza, hierba) pey. Color verde semejante al del pasto. Ver **PASTO**.
Adj. (in Quechua *yúyu*, vegetable, herb) Pejorative. A green color similar to the color of the grass. See **PASTO**.—(1371)

Z

ZAFIRINA:

(Del latín *zapphirina*). Color de la calcedonia azul.

(In Latin *zapphirina*). It is the color of blue chalcedony.–(1372)

ZAFIR, ZAFIRO:

S. (Del árabe *safir*) color azul del corindón cristalizado (ver azul prusia).

N. (In Arabic *safir*) It is the blue color of crystallized corundum. See Azul Prusia.–(1373)

ZAFRE:

S. (Del catalán *zafre*) color del óxido de cobalto empicado en esmaltes cerámicos.Ver **AZUL COBALTO**.

N. (In Catalan *zafre*) It is the color of cobalt oxide adhered to ceramic enamels. See **AZUL COBALTO**.–(1374)

ZAINO:

S. (Del árabe *sá 'in*, el que guarda secretos) color castaño oscuro parejo del pelaje caballar.

N. (In Arabic *sá 'in*, it means "he who keeps secrets") It is a liver color similar to the fur of the horse.–(1375)

ZANAHORIA:

(Del árabe vulgar *safunáriya*) color de la raíz de la planta hortense.

(In Vulgar Arabic *safunáriya*) It is the color of the root of the carrot plant.—(1376)

ZAPALLO:

(Del quichua *sapá*lu, calabaza) color semejante al de la pulpa de la calabaza comestible.

(In Quechua *sapá*lu, calabaza)It has a similar color to the pulp of the edible pumpkin.—(1377)

ZARCO:

Adj. (Del árabe *zárka*) de color azul claro, usado hablando de las aguas pero específicamente de los ojos.

Adj. (In Arabic *zárka*) It is a light blue color. The term is used when speaking of water but often used when speaking of the eyes.—(1378)

ZARIGÜEYA:

S. (Del guaraní *saigueya*) también comadreja. Color pardo amarillento subido en saturación, semejante al del pelaje del mamífero americano.

N. (In Guarani *saigueya*) also comadreja. It is a dun-yellowish color with more saturation, a similar color to the fur of the American marsupial.—(1379)

ZARZAMORA:

S. (de *zarza y mora*) color morado muy oscuro semejante al del fruto de la variedad de zarza.

N. (the term comes from the words zarza and mora in Spanish) It is a dark purple color similar to the fruit of the blackberry bush variety.—(1380)

ZINC:

S. (Del alemán *Zink*). Ver **CINC.**

N. (In German *Zink*) See **CINC.**—(1381)

ZINOBER:

Cinabrio, bermellón.

Cinnabar, vermilion.—(1382)

BIBLIOGRAFIA

Bravo, D. A., *Diccionario Castellano-Quichua Santiagueño,* Eudeba, Buenos Aires, 1978.

Castellano-guarani/Guaraní-castellano, Ed. Minilibri, Asunción Paraguay, impreso en Perú, 2008.

Corominas, J., *Diccionario crítico etimológico de la lengua castellana,* 3° Ed., 6 t., Madrid, 1976.

Diccionario de la lengua española - RAE, Vigesimaprimera ed., Madrid, 1992.

Diccionario enciclopédico pequeño larousse ilustrado, Ed. Larousse, 1951

Diccionario enciclopédico salvat, Ed. Salvat, Barcelona, 11 edición, 12 t., 1964.

Diccionario enciclopédico titán, Ed. Cislatina, Buenos Aires, 1979.

Diccionario esencial de la lengua española, Ed. Santillana, Barcelona, 1996.

Diccionario latin-español y español-latin, Ed. Valbuena, París, 1939.

Echeverría Baleta, M., *Kai ajnun, el milenario arte tehuelche de los quillangos pintados,* 4° Ed. Impresiones Aurelio, Argentina, 2009.

Enciclopedia un. ilustrada europeo-americana, Espasa calpe, 7 t., Barcelona, 1925.

Instituto Queshwa Jujuymanta-Runasimi Pirwa, *Diccionario bilingüe runasimi-castellano-castellano runasimi*, S. Salvador de Jujuy, Argentina, 2007.

Jover Peralta, A. y Osuna, T., *Diccionario guaraní-español y español guaraní*, Buenos Aires, 1970.

Manganiello, C., *Los elementos tonales*, material de cátedra, UNLP, 2011.

Manganiello, C., *Diversos artículos publicados en actas de congresos*, GAC, otros.

Meyer, R., *Materiales y técnicas del arte*, Ed. Blume, Madrid, 1985.

Monitor, Enciclopedia Salvat, Ed. Salvat, 12 t. Buenos Aires, 1966.

Ortiz Mayans, A, *Nuevo diccionario español-guaraní guaraní-español*, Eudeba, Buenos Aires, 1980.

Ortiz, G., *El significado de los colores*, Ed. Trillas, Mexico, 1º ed., 1992.

Pavon de Urbina, J. M., *Vox, Diccionario griego español*, 18 ed., Barcelona, 2001.

Riera, D., Marchetti P., Aguirre J. y otros, *Puto el que lee-diccionario argentino de insultos, injurias* e *improperios*, Ed. Gente Grossa, Buenos Aires, 2006.

Rosas, J. M., *Diccionario de la lengua pampa*, Ed. Quadrata, Buenos Aires, 2004.

Sapiens, Enciclopedia de la lengua castellana, Ed. Sopena, Buenos Aires, 1948.

Vox-diccionario Español-latín Latín-Español, Red Editorial Iberoamericana, 3° ed., Buenos Aires, 1995.

Zucarelli, C. y otros, *Diccionario mapuche-español español-mapuche*, Ed. Caleuche, Argentina, 1999.

Normativas basicas de armonización

Tabla relativa de incusión de colores no pertinentes al circulo cromático generativo sustractivo, para posibilitar su armonización.

Esta tabla tiene por finalidad, ubicar de forma aproximada y estimativa, en la sintaxis del círculo cromático generativo sustractivo, a aquellos colores que por su naturaleza pigmentaria disímil con éste, no están incluidos en el mismo; pero que por su característica denotativa y connotativa se hace valiosa su inclusión en la imagen visual.

Teniendo en cuenta la ubicación aparente del color elegido, podremos codificar las armonías, considerando la desviación que tendría este color con respecto al más cercano del círculo cromático.

Así, si deseamos aplicar un color que se desvía aparentemente hacia la derecha del más cercano, los demás tonos de la armonía elegida deberán desviarse en la misma dirección, y la misma distancia para no quebrar el intervalo armónico. Por ejemplo, un azul ultramar se relacionará con un rojo magenta (azo, carmín) y un amarillo frio ligeramente verdoso (cadmio claro u otro equivalente). En caso de que la desviación del color elegido sea hacia los neutros, no es necesario que todos los colores sean evidentemente neutralizados, lo mismo si son aparentemente aumentados a una mayor luminosidad u oscurecimiento. Sin embargo, no seria conveniente aplicar simultáneamente tonos que desvíen en diferentes direcciones de saturación (hacia los neutros, luminosos, oscuros, derecha o izquierda en el círculo) simultáneamente, sin evaluar la armonía de valor lumínico.

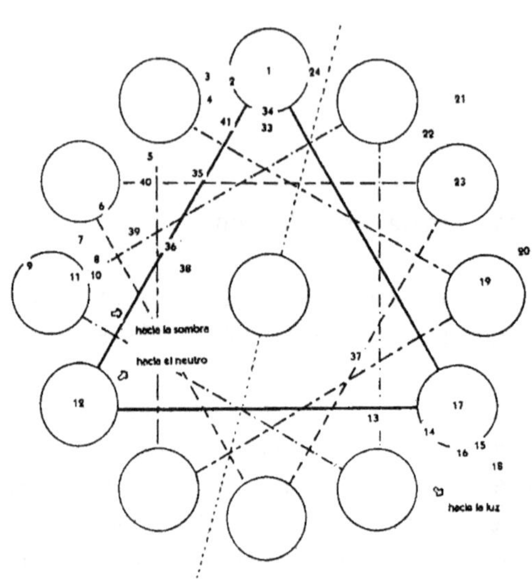

01 Amarillo cadmio claro
02 Amarillo cadmio
03 Amarillo cadmio oscuro
04 Amarillo de cromo
05 Anarajando de cromo
06 Bermellón
07 Rojo señal
08 Rojo Coca Cola
09 Rojo Azo
10 Carmín
11 Carmín de Alizarina
12 Magenta
13 Azul Prusia
14 Azul Ultramar
15 Azul Cobalto
16 Azul Real
17 Azul Talocianine
18 Azul Cerúleo
20 Verde Esmeralda
21 Verde Viridiano
22 Verde Veronés
23 Verde Cobalto
24 Amarillo limón
25 Amarillo flúo
26 Amarillo verde flúo
27 Verde flúo
28 Cian flúo
29 Violeta flúo
30 Magenta flúo
31 Rojo flúo
32 Naranja flúo
33 Ocre
34 Ocre amarillo
35 Tierra Siena natural
36 Tierra Siena tostada
37 Tierra Sombra natural
38 Tierra Sombra tostada
39 Rojo de hierro
40 Rojo indio
41 Amarillo indio
42 Oro pálido
43 Oro medo
44 Cobre
45 Bronce
46 Plata
47 Amarillo verdoso
48 Cian violáceo
49 Violeta
50 Púrpura
51 Rojo magenta
52 Rojo
53 Naranja
54 Negro

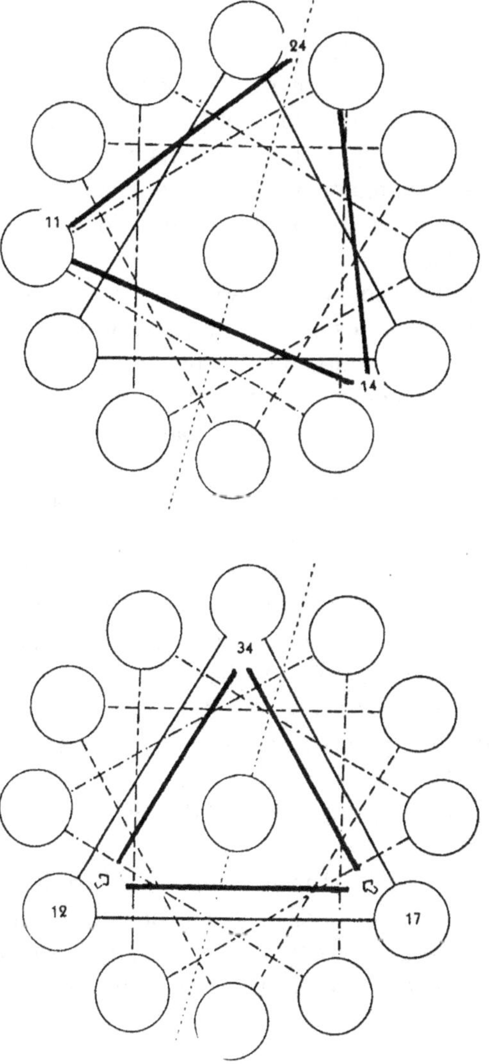
24
11
14
34
12
17

Armonía de sustitución

Denominamos así a la inclusión en las armonías del circulo cromático a tonalidades diferentes a las codificadas, pero semejantes en apariencia, a algún tono del esquema citado, que empleados en remplazo de este, enriquecen por contraste la armonía original, generando diferentes efectos por la característica del tono sustituto.

De esta manera, podemos usar los dorados (por amarillo) cobre (por gris) y los flúos.

Los tonos metálicos, de usarse puros, no conviene usarlos simultáneamente con otros colores metalizados en la misma imagen, sino de a uno. En caso de que se emplee mas de uno, armonizan con acromáticos o neutros y a lo sumo un color, saturado o no. Si el material lo permite pueden ser también usados en mezcla intima con los colores de alguna sintaxis.

Los colores de efecto fluorescentes armonizan entre ellos, teniendo en cuenta la ubicación de sus semejantes, en el círculo cromático para organizar la sintaxis, pudiendo relacionarse también de manera armónica con acromáticos y colores ligeramente desaturados o neutralizados. La condición de ligera neutralización o desaturación en los colores que acompañen a los flúo, es necesaria para que no se generen ambigüedades en el área de saturación.

Los colores flúo, pueden mezclarse íntimamente entre si sin perder su característica fluorescente y con otros colores perdiendo esa cualidad en relación directa a la cantidad de tono no flúo incorporado a la mezcla.

Otros tonos no tradicionales, son los que incluyen partículas de mica en su composición (iridiscentes o nacarados) pueden ser mezclados también entre si, o con otros colores perdiendo como fluo de esta manera, paulatinamente su condición nacarada.

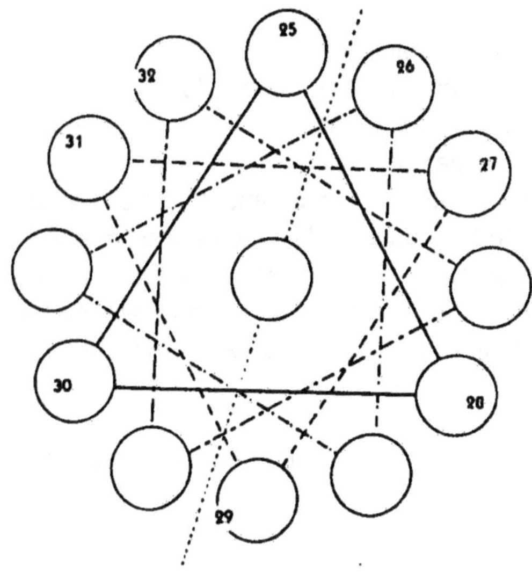

Colores flúo
25 Amarillo flúo
26 Amarillo verde flúo
27 Verde flúo
28 Cian flúo
29 Violeta flúo
30 Magenta flúo
31 Rojo flúo
32 Naranja flúo

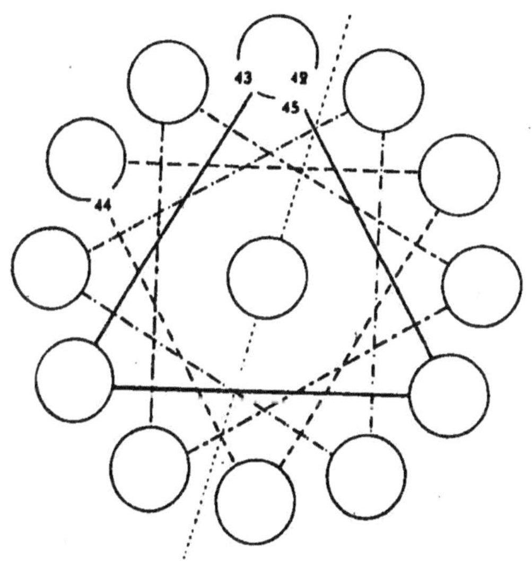

Tonos metálicos
42 Oro pálido
43 Oro medio
44 Cobre
45 Bronce
46 Plata

Nota:

Esta propuesta se trabajó a partir de identidades de color no medidos y ubicados estimativamente en este círculo. En un futuro se medirán las muestras en ΔL.A.B. para una ubicación mas precisa, y comparativa con el sistema CIE.

A su vez, creo necesario aclarar, que este anexo se basó en un criterio metodológico donde las nuevas relaciones armónicas o armonías de sustitución, surgen de las variables de la construcción geométrica, que no por ser de resolución primeramente gráfica carecen de validez. Recordemos que todo sistema proporcional, se basa en un sistema geométrico-matemático.

Cristina Manganiello, 2012

www.ingramcontent.com/pod-product-compliance
Lightning Source LLC
LaVergne TN
LVHW050536160826
845677LV00011B/2058
* 9 7 8 9 8 7 5 8 4 4 6 7 4 *